教師のための
ほめ方
ケースワーク20

行動観察で

子どもが変わる！ クラスが変わる！

小笠原恵 著

Ψ金剛出版

まえがき

ある日、特別支援学級で音楽の授業を参観させていただきました。子どもたちはリコーダーの練習をしていました。音楽専科の先生の合図に従って、一斉に演奏が始まりました。一人の男の子は、手先がそれほど器用ではないのか、最初からリコーダーの穴をふさぐのに苦労していました。しばらく格闘していましたが、徐々に顔つきが険しくなり、とうとう両肘を机にがんと振り下ろし、演奏をやめてしまいました。そして、今にも泣き出しそうな顔をしながら、何度も肘を机に振り下ろしました。リコーダーを投げようとするしぐさも見られました。そんなとき、その子の様子をうかがっていた担任の先生は、そうっとそばに移動しました。先生は男の子と目があいましたが、何も言わずに見守っています。男の子は、曲が終わりに近づいたころ、なんとかもう一度リコーダーをくわえて、演奏に入りました。最後には間に合って曲が終わると、男の子はそばに立っている担任の先生の顔を見上げました。先生は、ゆっくり大きくうなずきました。それを見た子どもの表情には先ほどまでの厳しさはなく、ほっとした笑顔が浮かびました。爆発してもおかしくないような状況で、必死で自分を抑えた子どもの姿が100%で担任の先生に認めてもらえた瞬間でした。

本書は、「ほめる」ということをテーマとして、私がこれまで出会ってきた子どもや先生方をヒントに20のケースを紹介しました。一口に「ほめる」といっても、その方法はさまざまです。上記のように、言葉を使わずたった一つのうなずきが、子どもを支える大きな効果を発揮することもあります。個人の力を伸ばすだけではなく、集団を動かすことにも「ほめる」ことは影響を与えます。また、そのやり方によっては、知らず知らずのうちに子どもを傷つけることもあります。そうした思いから、第1部は、「クラス編」「個人編」「失敗編」の3つで構成してケースを紹介しました。また、これまでに「ほめる」ことの効果は、たくさんの実験や実践で報告されています。第2部では、そうした興味深い成果を中心に、「ほめる」ことの理論的な裏付けを整理しました。

本書が、先生方の日々の実践のなかで、子どもたちの力を伸ばすヒントとなれば何よりもうれしいです。

最後に、本書を仕上げるにあたってたくさんほめていただいた、金剛出版の藤井さんに感謝を申し上げます。

２０１６年２月

小笠原 恵

目次

第1部 実践編

クラス編

個人編

失敗編

第2部

理論編

第1部
実践編

クラス編

ケース1 全員で合唱コンクールに取り組むクラス

Case Summary ケース概要

岩蔵先生は、数学の教師で、中学2年生の担任。気さくで、20代後半と子どもとの年齢が近いこともあり、子どもたちにとって話しかけやすい男性の先生だ。岩蔵先生の学校では、毎年クラス替えがある。今年度の岩蔵先生のクラスは、男子18名、女子17名だった。どちらかというと、女子のほうがリーダーシップを発揮していて、男子の数名はまだまだ小学生のような幼さが残っていた。授業中、寝ている子や内職をしている子がいないこともないが、多くの子たちは、先生の話をよく聞いて授業に取り組んでいた。

学活の時間や朝の会は、クラス委員の生徒を中心に、自主的な話し合いが進められ、岩蔵先生は、そうした生徒たちの決定を賞賛して認めることが多かった。

Current issues

課題となる状況

岩蔵先生の学校では、2学期の大きな行事として、合唱コンクールが開かれる。毎年、生徒たちは、音楽の授業だけではなく、朝や放課後に集まって練習をする。学校中に生徒たちの歌声が響く期間は2、3週間続く。

岩蔵先生のクラスでも、音楽の時間に自由曲を決め、生徒たちの自主練習が始まった。指揮者となる南さんと中田くんが全体のリーダーとなり、それに、ソプラノ、アルト、テノールにそれぞれパートリーダーが1名ずつ選出された。リーダーとパートリーダーを中心に、「絶対優勝しよう」と意気込んで、練習計画を立てた。ところが、練習を開始して1日目から、「放課後は塾があるから」と全く練習に出てこない男子が3名いた。そして、「どうしてもこの日は習い事に行かなくちゃいけない」と言って、1週間のうちの何日かを休んだり、少し出て帰ってしまう生徒が入れ代わり立ち代わり、毎日数名いた。そんな様子を見ていた他の生徒たちのなかに、何かと理屈をつけて、さぼって帰るような子も出てきた。放課後の練習は、最初のうちは35名中30名くらいからスタートしたものの、徐々に参加する人数が減っていった。1週間が過ぎるころには、半分以下になる日もあった。放課後の参加状況を反映するように、朝練のほうも徐々に人数が減っていった。いつもより45分早く登校して練習を始めるのだが、時間に間に合う子は、1週間を過ぎるころには全体の3分の2くらいとなっていた。放課後の練習も朝練も、つねに岩蔵先生が同席するわけではなかった。岩蔵先生は、塾のある子や習い事のある子から、放課後の練習に出られないと相談されていたが、「練習に出るのかどうかは、自分で決めなさい」と伝えていた。あまりにも人数が減ってきている状況に、リーダーの南さんを中心に、毎日出席している女子の間には不満がたまっている様子がみられた。そして、練習が始まって1週間が過ぎたころ、帰ろうとする生徒に対して、「自分勝手だ」と南さんが大声で責め立てた。それに対して、帰ろうとする生徒たちは、「そんなこと言ったって、先生から了解ももらっているしさ、仕方ない」と言い訳をした。カッとなっていた南さんは、「もう勝手にすればいい！　私も知らない！」と泣きながら教室を飛び出して、家に帰ってしまった。

このとき、岩蔵先生は教室におらず、翌朝、南さんが朝早く登校しなかったために、練習が始められなくて困っている生徒たちから、前日のこの出来事を聞くことになった。

問題解決

この日の学活の時間、合唱コンクールの練習について、話し合いがもたれた。岩蔵先生は、「優勝するために必要なこと」と板書し、子どもたちに意見を挙げさせた。「練習すること」「気持ちを合わせること」といった意見が出たので、これについて南さんと中田くんに今の状態を話してもらうこととした。すると、「用事があるから仕方ないと言って休んでいては、そろって練習ができない」「さぼっている人がいる」「一部の人だけががんばっている」といった不満が出された。これについて、何か良い方法がないか、岩蔵先生は生徒たちに聞いた。塾や習い事に行かなければいけない子たちからは、「練習に出たくても、塾に行かないと親に怒られるから仕方ない」とか、「朝練、がんばるから」といった意見が出た。「放課後は部活もあるし、もともと全員が集まるのは難しい」とか、「朝と昼休みに練習すればいい」といった意見や、「パートごとにやるときと全員練習と分ければいい」といった意見も出てきた。「だいたい上手になっているかどうかわからないし」とか、「練習の成果が見えないときついよね」とぼやく生徒もいた。

岩蔵先生は、「放課後の練習はとりあえずやめて、朝は全体練習、昼休みにパート練習をしよう」とまとめた。そして、客観的に練習の成果をフィードバックする方法として、全体練習を定期的に録音するのはどうか、また、コンクール当日と同じように全員で点数を付けていくのはどうかと提案した。空き時間を使って、岩蔵先生は、点数が書き込める表を大きく模造紙に書き、教室の掲示板に貼った。そして、コンクール当日に使用している観点表を印刷したものと、録音機器を教室に置いた。

結果

練習方法について、学活での話し合いがもたれた翌日、久しぶりに遅刻者がいない状態で、朝練が行なわれた。さっそく全体練習を録音して、みんなで聞きながら、観点表に点数を書いていった。集めた集計用紙は、岩蔵先生が得点を合算して、表に書き込んだ。さらに岩蔵先生は、その日から必ず録音されたものを聞いて、得点の横に良かった点についてコメントを書いた。「自由曲の○○という歌詞のところ、テノールの低い声がよく聞こえました」「課題曲の最後を伸ばすところ、ソプラノの音が安定してきました」といった具合に。そして予定通りに昼休みはパート練習に充てることにした。こうして、さらに1週間が過ぎるころには、パートのなかはもちろん、パート同士でどうしたらいいか教え合う姿がみられるようになっていった。朝練では、時々「寝坊した」と言って遅刻をする生徒がいるが、冷たい視線ではなく、「ごめん、ごめん」と言って入ってくる生徒を、暖かく迎える雰囲気ができあがっていった。そして、成立が難しかった放課後練習を、コンクールの前日に全員一致で行なうことができた。

Conclusion

まとめ

中学2年生くらいになると、子どもたちは、かなり自主的な活動ができるようになってくる。そして、体育祭や合唱コンクールという行事によって、クラスの結束は強くなる。また、このころこうした勝敗がはっきり出てくることに、高く動機づけられる子どもたちは多くいる。しかし、相手のことをお互いに思いやって活動できる子ばかりではない。「優勝」ということに強くこだわってがんばりたい子と、なんとなく流される子がいて、クラスのなかでその温度差が大きいと衝突することがある。

岩蔵先生のクラスでも、生徒たちは自主的な練習計画を立てた。しかし、やる気のある生徒たちのみで立てた練習計画で練習を開始したことによって、全員がついていくことに無理が生じてしまった。最初から、岩蔵先生が放課後の子どもたちの都合を聞きながら調整すれば、衝突することもなかったのかもしれない。しかし、衝突しながら、子どもたちがお互いのことを理解していくことも必要である。

また、芸術的な活動は、客観的な評価を行なっていくことが難しい。そこで、点数化というコンクール当日に行なう評価方法を練習にも取り入れていくことにした。点数を見える形にすることによって、子どもたちにも自分たちの上達度が明らかになっていく。このことも、生徒たちのやる気を維持させるために、効果的だったと言える。しかし、練習が軌道に乗っていくことによって、歌うこと、あるいはほかの人と一緒に声を合わせていくといった活動そのもののもつ楽しさが、何よりも子どもたちの活動を維持させたのかもしれない。

ほめ方Point

■客観的な評価が難しい芸術的活動の評価を行なう際には、観点を明確にして点数化すると効果的である。

けんかが多いクラス

Case Summary
ケース概要

高沢先生は、小学校3年生のクラス担任になった、教員12年目の女性である。これまでに、2校を経験して、新しくこの学校に転入してきた。この学校では、2年生から3年生に進級するときに、クラス替えがあった。3年生は、3クラスだった。子どもたちは3分の1くらいが、2年生のときと同じクラスだったことになる。

始業式の日、子どもたちが落ち着かず、高沢先生が「着席」と言ってもなかなか席に座れない様子がみられた。仲の良い子同士が集まって、おしゃべりが止められずに、「席に座ろう」という高沢先生の声が通るまでに、5分もかかってしまった。それでも、いったん着席をすると、おしゃべりをする声も聞こえず、先生の話をよく聞く子どもたちだった。

Current issues

課題となる状況

5月、ゴールデンウィークを過ぎたころになると、はじめて一緒のクラスになった子どもたちもお互いに顔と名前を覚えて、一緒に遊びはじめていた。1週間に1回ずつ行なわれる、漢字と計算の小テストでは、4分の1の子が満点を取り、0点を取る子はめったにいなかった。授業中は、どちらかというとにぎやかで、先生の質問に対して、よく反応した。手を挙げて答える子もいるし、勝手にしゃべりだす子もいた。授業と関係のないことをやっている子はほとんどおらず、全体に活発な授業風景であった。

ところが、5月が終わろうとするころ、子どもたちのけんかが目立ってきた。たいてい、きっかけは些細なことであり、休み時間を中心に起こっていた。たとえば、「○○が、(長縄に)引っかかってばっかりいるから、いい加減にしろって言ったんだよ。そしたら、いきなり殴った」とか、「○○にあっちに行けって言われた」といったことが、子どもたちから報告された。友だち同士で激しい言い合いになり、手が出ることもあった。カッとしやすい男の子が数名いて、その子たちを中心にけんかが起こることが多かった。しかし、その子たちだけではなく、女の子の間でも「うざい」「あっちに行って」と、平気で友だちに言う姿があった。休み時間が終わっても、けんかや相手に言われた言葉を引きずって、泣いたままで授業にならないこともあった。

問題解決

Resolution

相手に対して、自分の思いを遠慮なく相手にぶつける子どもたちの様子を見て、高山先生は、3年生という年齢を考え、「相手の立場に立ってものを考える力を育てたい」と思った。そこで、学級経営のひとつとして、ソーシャルスキルズトレーニング（SST）を取り入れることを思いついた。高山先生は、クラス全員がいる場で起こった、大きなけんかがあった翌日の学級会の時間を利用した。けんかは、国語の時間に起こった。班ごとにテーマを決めて、テーマに沿って調べ、それを新聞にまとめる、という一連の学習を行なっているときだった。テーマを決める際に、意見の対立した班があった。最初は穏やかに話していたものの、そのうち、お互いに興奮してきて、「お前の言っていること、意味ないし」とか、「バカじゃないの」「死ね」といった言い争いを始めたかと思うと、取っ組み合いのけんかが始まった。高山先生は、学級会の時間に、どうしたらけんかをしなくて済んだと思うか、子どもたちに意見を聞いた。多くの子どもたちは、「話し合いで決めればよかった」とか、「多数決にすればよかった」という意見を出したが、なかには「相手が傷つく言葉を言わなければよかった」という意見を出す子もいた。そこで、高山先生は「相手が傷つく言葉には、どんなものがあるのか」と聞いた。子どもたちからは、たくさんの言葉があがった。そこで、さらに高山先生は「反対に、相手から言われてうれしくなるような言葉にはどんな言葉があるのか」と聞いた。これに対しても子どもたちは、さまざまな言葉をあげた。子どもたちの意見がひと段落したところで、傷つく言葉をチクチク言葉、うれしくなる言葉をふわふわ言葉という、と高山先生は説明した。ふわふわ言葉を使うとどんないいことがあるのか、さらに高山先生は子どもたちに質問した。子どもたちからは「けんかがなくなる」「友だちと仲良くできる」「気持ちがあったかくなる」という意見が出た。そこで高山先生は、このクラスでは友だち同士でふわふわ言葉をたくさん使ってみよう、と提案した。そのあと、前日にけんかをした2人を前に呼んで、「ふわふわ言葉で仲直りしてごらん」と、ロール・プレイング[*]を実施した。見ている子どもたちからも、「ごめんねって言えばいいよ」とか、「○○の言っていることもわかるよって言ったら?」などと声が出た。少し照れてとまどっていた2人は、「ごめんね」と言い合って、仲直りをすることができた。

さらに高山先生は、ふわふわ言葉をいっぱい使うために、友だちからふわふわ言葉を言われたら、言われた言葉と友だちの名前を付箋に書いて、模造紙に貼りつけていくことを提案した。高山先生は、模造紙に桜の木を描き、ピンク色の付箋紙を花弁のように切っておいた。子どもたちには「たくさんのふわふわ言葉が貼れたら、桜の花が咲くね」と話した。そして、前日にけんかをした2人が言った、「ごめんね」という言葉を付箋紙に書いて、1枚目として貼り付けた。

Consequence 結果

ふわふわ言葉の掲示を始めてから1週間が過ぎるころには、子どもたちはやり方に慣れてきたようだった。高山先生は、帰りの会の前に、新しく貼られた付箋紙に書かれた言葉を取り上げて、「だいじょうぶだよって、とてもいい言葉だね」「すごいねって友だちをほめられたんだ、えらいね」と言いながら紹介した。たくさん使える子もいれば、まだ名前の書かれていない子もいた。高山先生は、「クラスの全員が、ふわふわ言葉を使えるようになることが目標だよ」と子どもたちに話した。3週間、4週間と過ぎるころには、意見が対立したり、チクチク言葉が聞かれたときに、「ほら、ふわふわ言葉！」とアドバイスをする子も出てきた。1カ月が過ぎたころには、桜が満開になり、全員の名前が付箋紙に書かれた。2枚目もやるかどうか、子どもたちに聞くと、「やりたい」という意見が大多数だった。2枚目は、水色の付箋紙を使ってアジサイの絵にした。まだまだ、つい興奮して手が出そうになったり、チクチク言葉を言う子どももいるものの、「ふわふわ言葉」を合言葉に、そうした場面を抑止する雰囲気が、学級のなかに徐々に培われていった。

Conclusion まとめ

ソーシャルスキルズトレーニング（SST）と聞くと、何か専門的な知識や技術が必要な気がするかもしれない。正式には、他者と適切にかかわっていくために必要な力（スキル）を培うための方法であり、以下の5段階の手続きを踏んでいく。①教示――そのスキルがなぜ必要か、そのスキルが身につくとどのような効果があるかを、言葉や絵カードなどを用いて教える。②モデリング――手本となる他人の振る舞いを見せて学ばせる。または不適切な振る舞いを見せて、どこに間違いがあるかを考えさせる。③リハーサル――スキルを先生や友だちを相手にして、実際に練習してみる。主に、ロールプレイングの手法が用いられる。④フィードバック――行動や反応を振り返り、それが適切であればほめ、不適切であれば修正の指示を行なう。⑤般化――教えたスキルを、指導場面以外のどのような場面（時、人、場所）にでも発揮できようにする。

現在、通級による指導では、このSSTが、授業の一環として取り入れられているところが多い。しかし、高山先生のように、通常学級のなかでクラス全員を対象として、日々上手に取り入れている先生も増えてきた。SSTに限ったことではないが、特に大切なことは、子ども自身がソーシャルスキルを学びたいという意欲をいかにもたせるか、ということである。高山先生は、この導入および「①教示」の部分を、子どもたちとのやりとりのなかで行なっている。前日のけんかを例に取って、他人ごとではない、自分のこととして子どもたちが考えられるように問いかけている。続く②③においても、実際にけんかをしてしまった2人を代表にクラス全員で考えてみている。しかし、2人にとって、このことを嫌な経験としないために、出てきた「ごめんね」という言葉を、最初のふわふわ言葉として、ほかの子どもたちにわかるように掲示した。「④フィードバック」は、子どもたちが書いた付箋紙をもとに、帰りの会で行なっている。通級による指導において、課題としてあげられることの多い「⑤般化」については、日常の生活のなかに実際に取り入れているために、自然にその段階をクリアしている。そして、「ふわふわ言葉」を合言葉にしながら、子ども同士が、ほめ合い、認め合う学級風土をつくっていった。

用語説明

［＊］――ロール・プレイング（role playing＝役割演技）
日常で起こる課題場面において、その場の参加者たちが役割を演じることで課題解決の手がかりを得る方法。「役割を演じる」という疑似体験を通して、想定された課題場面が実際に起こったときに適切に対応できるようにする学習方法のひとつ。

ほめ方Point

■SSTを通じて子ども同士でほめ合う機会をつくる。

ケース3 何をほめられているのかわからないクラス

Case Summary ケース概要

小峰先生は、この春、新しく知的障害特別支援学校の教員として採用された女性である。知的障害を伴う自閉症の男の子が4名、知的障害の男の子と女の子がそれぞれ1名ずつの6名のクラスの担任を任されることになった。クラスは中学部1年生で、まったく音声が出ない、無発語の子はいなかった。いずれの子も大人との簡単な会話が成立していた。知能検査を行なうと、だいたい3歳後半から5歳後半くらいの精神年齢だったが、その能力的な個人差は大きかった。

担任は小峰先生のほかに、50歳過ぎの男性、大下先生であった。大下先生は、知的障害特別支援学校に20年以上勤め、この学校に異動してきて、すでに5年が経っていた。もともとは中学校の体育の先生を目指していただけあって、さっぱりとした先生であった。

Current issues

課題となる状況

クラスの自閉症の男の子、ゆうへいくんには、苦手なものがたくさんあった。たとえば、甲高い笑い声や牛乳瓶のあたる音、動きの激しい子どもなどであった。こうした苦手なものにさらされつづけると、突然、机を倒したり、身近にある物を投げたりした。さらに苦手なものにさらされつづけると、大声で泣きながら、自分の顔を両手で叩くような行動につながっていった。そうしたゆうへいくんの行為が面白いのか、同じクラスのしょうたくんは、わざと牛乳瓶のぶつかる音を出したり、周りでくるくる回って挑発することが多かった。また、物を投げるゆうへいくんのことを怖がって、避ける女の子もいた。

最初のうちは、しょうたくんがゆうへいくんを挑発するたびに注意を繰り返していた大下先生と小峰先生だが、改善される様子はなかった。そこで、これまで大下先生が担任したクラスの学級経営のひとつとして行なっていた、帰りの会を利用した1日の振り返りを導入していくことにした。「友だちと仲良くする」「授業をがんばる」「給食を全部食べる」「挨拶をきちんとする」といった4つの観点について、それぞれできたかできなかったかをその日の帰りの会に振り返り、子どもたちが生活記録票に記入するというものであった。子どもたちが自分自身で、よくできたら○、まあまあだったら△、できなかったら×を書くことにした。そして、子どもたちの記入した記録票を見ながら、2人の先生が、「今日、○○くんは友だちと仲良くできたんだね。よかったと思います」といったコメントをしていった。基本的には、学校の最後の時間に、注意されるのではなく、ほめられてよかったな、と思ってほしいという大下先生の考えから、子どもたちが○を付けた項目について賞賛した。

帰りの会での振り返りを導入すると、しょうたくんは、ゆうへいくんに対して挑発するような行動をみせなくなった。これに気をよくした大下先生は、この振り返りの方法を継続していくことを決めた。しかし、2、3週間するうちに、しょうたくんによるゆうへいくんへの挑発行為が再開されていった。また、ほかの子どもたちの記録を見ると、毎日、同じ項目に同じマークが書かれているのが多いことに小峰先生は気がついた。先生から「○○できてよかったと思います」というコメントを返されても、子どもたちはまじめな顔でうなずくだけで、取り立ててうれしそうではないことにも気がついた。そして、再開されたしょうたくんの挑発行為に対しては、再び注意を繰り返すようになっていった。

問題解決

小峰先生は、振り返りを行なっている子どもたちの様子について、大下先生に相談をもちかけた。子どもたちが通り一遍にマークを付けていることと、ほめられたときの反応についてである。大下先生もうすうす気がついていたものの、これまで行なってきた自分のやり方をなかなか変えられなかったと話した。そこで、せっかくやるのであれば、子どもたちの生活が向上していく方法にしようと、2人でアイディアを出し合った。

子どもたちの記録を見ると、4つの観点のなかで、比較的同じマークが付いているのは、「友だちと仲良くする」と、「授業をがんばる」であった。「給食を全部食べる」については、子どもたちがその日によって違うマークを付けていた。「挨拶をきちんとする」については、同じマークを付けている子どもと、日によって違うマークを付けている子に分かれた。このことから、2人の先生は、子どもがわかりやすい振り返り項目と、わかりにくい振り返り項目があることに気がついた。つまり、同じマークを付けている項目は、子どもたちが正確に振り返ることができない項目であると推測できた。そこで、「友だちと仲良くする」を「友だちに話しかけることができた」に、「授業をがんばる」を「授業で発言することができた」に変えることにした。「挨拶をきちんとする」についても、「挨拶をすることができた」に変えた。

Consequence 結果

振り返りの観点を変えた翌日から、子どもたちのマークの付け方に変化がみられた。そして、子どもたちのマークを見ながら先生がコメントを返すと、それまでほとんど反応のなかった子どもたちから「ゆうへいくんに、『大丈夫?』って話しかけました」とか、「国語で発言しました」「『大下先生にいい挨拶だね』って言われました」といった発言が出てきた。小峰先生も大下先生も、子どもたちが自ら報告するようになったことにびっくりしながら、「そうだったね。大きな声でお辞儀もしていたから、『いい挨拶だね』って言ったんだよ」といったように、子どもたちの報告に対して賞賛の言葉を返すことができた。一方で、しょうたくんは、ゆうへいくんを挑発したことも、「友だちに話しかけることができた」という項目に含めて○を付ける様子がみられた。

そこで、それぞれの振り返り項目に対して、具体的な様子を記入する欄を設けることとした。それぞれの項目に「だれに、なんて、話しかけましたか」「どの授業で、発言しましたか」「食べられなかったものは、なんですか」「だれに、あいさつをしましたか」という質問を加え、子どもたちに書かせることとした。

しょうたくんは、記入方法を変えた後も、「友だちに話しかけることができた」の項目に○を付けていた。そして、「だれに話しかけましたか」については「ゆうへいくん」、「なんて話しかけましたか」については「お顔叩く?」と書いた。そこで、小峰先生は「ゆうへいくんは、そう言われてうれしそうだった?」と聞いた。するとしょうたくんは、「お顔、叩いた」と、ニコニコ笑いながら答えた。挑発によって、相手がその通りの行動をとることを面白がっているしょうたくんに対して、ゆうへいくんは嫌な気持ちになると顔を叩くこと、友だちに話しかけるのであれば、友だちがうれしくなるような言葉をかけると別の反応を返してくれることを話した。そして、どんな言葉であれば相手がうれしくなるのか、いっしょに考えた。翌日、不安定になっているゆうへいくんのそばに、しょうたくんが近づいていった。様子をうかがっている小峰先生の顔をちらっと見たしょうたくんは、「大丈夫?」と声をかけることができた。

Conclusion まとめ

どこの学校でも、子どもたちと毎日行なっている朝の会や帰りの会(ホームルーム)といった活動があるだろう。この時間は、必要最低限の連絡にとどまることも少なくないが、朝の会には、子どもたちの様子を把握し、学習への意欲をもたせること、帰りの会には1日を振り返り、明日につなげるといった重要な役割がある。学級経営を行なっていくうえで、重要な機会として活用している教員も多いだろう。

大下先生のように、帰りの会で1日を振り返るといった活動をしているクラスも少なくない。1日の締めくくりであるため、大下先生のように、ほめて終わりにしたい。ここで子どもたちが、ほめられているものの、何をほめられているのかわからない状態だと、次につながらない。何をほめられているのかわからないほめ方のなかには、抽象的な言い方が含まれている場合がある。年齢の低い子どもたちや、発達に障害のある子どもたちのなかには、抽象的な言い方が伝わりにくい子どもたちがいる。大下先生と小峰先生のクラスで導入された、振り返りの最初の観点のなかで、「友だちと仲良くする」とか、「授業をがんばる」といったものは、抽象的な言い方である。仲良くしたか、がんばったかは、人それぞれでイメージが違うからである。反対に、子どもたちに伝わりやすいほめ方は、具体的な行動をほめる方法である。どの人が見てもほめられた行動が何であるのか、わかるような言い方をすると具体的である。「給食を全部食べた」かどうかは、クラスの全員が同じように観察できる言い方である。具体的な行動をほめられることによって、子どもたちも自分の行動を振り返り、次につなげることができるようになっていくことが多い。

一方で、しょうたくんは、自分が挑発することで思うとおりの反応を返すゆうへいくんの行動が、面白くて仕方なかったのかもしれない。そのため、「友だちに話しかける」行動として、挑発行為を臆面もなく記入していた。ここで、小峰先生はどうしたら友だちと正しくかかわることができるのか、「話しかける」といったことに絞って改めて説明した。子ども同士に友だちとのかかわり方を教える場合には、どちらか一方への指導だけでは足りない。今後、ゆうへいくんがしょうたくんの話しかけに対して、どのように反応していくのかを教えていくことで、2人の関係性が再構築できるだろう。

ほめ方Point

■抽象的な言い方ではなく、具体的な行動をほめたほうが、何をほめられているのか子どもたちにわかりやすいため、次の適切な行動につながる。

ルールが守れないクラス

Case Summary
ケース概要

東先生は、50代前半の穏やかな女性である。大学卒業後から20年以上、小学校の教員を務めてきた。この春から、勤務5年目になる小学校の2年生の担任となった。東先生の担任するクラスは、男の子が16人、女の子が15人であった。1年生から2年生になるときにクラス替えはなかった。1年生のときの担任は、20代後半の女性の先生であったが、昨年の11月から病気休暇に入っていた。そのあと、少人数算数の授業を担当していた非常勤講師の先生が担任になった。この先生は、学級担任になるのは初めてのことだった。

1年生の最初のころは、おとなしかった子どもたちだったが、夏休み前には、授業中、6、7人の男の子が立ち歩いているような状態となった。先生に何も言わずに、水を飲みに行く子やトイレに行く子もいた。座っている子たちも先生の話を聞いているわけではなく、隣の子にちょっかいを出したり、前後でおしゃべりをしている子が多かった。結局、担任の先生は大きな声で子どもたちをどなって、静かにさせていた。どなられると、しばらくは子どもたちも席につき、静かになるが、次の時間にはまた同じように立ち歩きやおしゃべりが目立った。先生のどなる声は、どんどん大きくなり、言葉も乱暴になっていった。担任の先生が休暇に入った後に交代した先生は、大声でどなることはなかった。立ち歩きやおしゃべりをする子たちへの注意はするが、そのまま授業を淡々と続けていた。見かねた副校長が時間をつくって、クラスに入り、サポートすることもあった。子どもたちは、副校長が教室にいるときには比較的静かにしているものの、副校長が退室すると、いつもの落ち着かない状態に戻るということが続いていた。

課題となる状況

新年度の4月、東先生が教室に入っていくと、教卓の前に数人の男の子がゴロゴロ寝そべっているようなこともあった。授業準備がスムーズにできる子は数えるほどしかいなかった。中休みの後、授業が始まるまでに、チャイムが鳴ってから20分が過ぎることもあった。体育の時間の前など、全員で教室から移動する際には、廊下に整列することができなかった。これは、全員が前を向いて一列に並べず、自分の場所にいない子や、列から飛び出してほかの子にちょっかいを出す子がいたからだった。新学期が始まってすぐ、上級生になった2年生には、1年生を迎える会や、学校探検で1年生を案内するといった単発の行事があった。東先生は行事の流れについて口頭で説明したが、聞き返しの多い子や、説明とまったく違うことを始める子、ほかの人の動きを見てから動き出す子などが目立った。

4月中旬、授業が始まると、子どもたちの学習態勢が成立していないことが明らかになった。特に、じっくり考えたり、班で話し合うといった課題を出すと、おしゃべりや立ち歩き、ノートにいたずら書きをしている子や文房具で遊んでいる子が多く、子どもたちの授業への参加状態は壊滅状態であった。先生が質問をすると、手を挙げて答えようとする子も数人いるものの、思いついた子がどんどん発言して、発言した子に対して別の子が何か言いだす、という状態であった。一方で、図工や体育については、取り組むまでには時間がかかるものの、いったん取り組みはじめると子どもたちは集中していた。

教室の床には、だれのものかわからないものが落ちていた。物があふれて、はみ出したり落ちたりしているロッカーがいくつもあった。ロッカーの上の棚にも、だれのものかわからないものが、無秩序に置かれていた。

一方、全体的に子どもたちの仲は良く、休み時間になると男女混ざって校庭で遊ぶ様子がみられた。子ども同士のけんかは、ほとんどなかった。

問題解決 Resolution

どこから手を付けていいのかわからないような崩壊状態の学級に対して、東先生は、今子どもたちができることと、少し努力をするとできそうなことをピックアップした。そして、ピックアップした事項を眺めながら、できそうなことをクラスルールとした。クラスルールは、紙に書いて、つねに子どもたちが参照できる黒板横の掲示板に貼ることにした。東先生が、最初にクラスルールとしたことは、①先生の質問に答えるときには挙手をすること、②当てられたら、返事をして立ち、椅子を入れてから発言すること、③授業時間の最後の5分間は、机の周りを見て床に落ちているものをすべて拾うこと、という3つだった。当然、ほかにも東先生が子どもたちにやってほしいことはたくさんあったが、できそうなことだけを1学期の間に徹底して身につけさせることに決めた。そして、3つのルールが守れた場合に、先生が用意した小さなチップを透明の貯金箱のなかに入れていくことにした。①については、挙手した子の数をその場で数えて、その人数分のチップを入れた。②については、先生が言わなくてもできた人にチップを渡して、本人が箱に入れた。そして、③については、落ちていたものを先生に渡した子にチップを渡して、本人が箱に入れた。そして、貯金箱がいっぱいになったら、お楽しみ会を開こう、という約束をした。

授業は、だいたい5分ごとに細かい課題を子どもたちに提示するように構成した。たとえば、国語の授業であれば、教科書を全員で読む→誰が出てきたか質問する→登場人物を板書して子どもたちがノートに写す→2人ペアで立って1文ずつ交替で読む……といった具合であった。今やることは、あらかじめ紙に書いておいて、黒板に貼った。それができないときは、板書することにした。ほかにも、パソコンの映像、イラスト、関連する実物など、視覚教材を多く用いて、子どもたちの注意を引きつけるようにした。

結果

東先生からクラスルールの提案とチップの使い方を聞いた子どもたちは、「面白そう」と興味津々であった。始めた日から、子どもたちはチップを自分で箱に入れたいのか、発言しようとしたり、落ちているものをたくさん拾ったりした。クラスルールを決めてから1週間、東先生は、チップがたくさんたまった貯金箱を見せて、約束通り、子どもたちのやりたいことを募って、お楽しみ会を開いた。

やり方がわかり、実際にとても楽しいお楽しみ会を経験した子どもたちは、チップをためることに意欲的になっていった。発言するためには、立ち歩くのをやめ、先生の話を聞いていないとできないことがわかった子どもたちは、徐々に、授業中着席するようになっていった。東先生は、基本的には立ち歩いた子に対しても、授業中に関係のないことをやっている子に対しても、声を荒げて叱ることはしなかった。言葉による注意をすることもほとんどなかった。机間巡視をしながら、立っている子は、席のほうを向かせて、「座るよ」と指示した。いたずら書きをしている子にも、おしゃべりをしている子にも、そばに行って、「ここ、書いてね」と簡潔に指示を出していった。質問に対して、手を挙げずにしゃべったり、当てられて返事をすることや、いすを机の下に入れることを忘れたりした子には、掲示したクラスルールの紙を指さした。

東先生が決めた3つのクラスルールのうち、③については、5月が終わるまでに、子どもたちがつねに落とし物がないか探しているような状態になり、ほとんど床に落ちているものがなくなった。ただ、わざと物を落とすような子も出てきたので、「ルール達成」という意味で大きな花丸を付けて、クラスルールから外すこととした。その代わり、授業準備を新しい目標とした。こうして、徐々に目標をレベルアップさせていったところ、1年が終わるころ、子どもたちの授業に臨む姿は著しく向上していった。

Conclusion

まとめ

小学校に入学する子どもたちは、その生活の大きな変化に多かれ少なかれとまどう。小1プロブレム[*]といった問題が生じる学級も決して少ないとはいえない。しかし、この時期、集団におけるルールを守っていくことや、学習態度を確立していくなかで、こうした問題は落ち着いていくことがよくある。そのあとに続く学校生活を円滑にするために、非常に大事な時期であることはいうまでもない。

東先生の担任したクラスは、1年生のときにこうしたルールを学ぶ機会がなかったのだろう。勝手気ままに、自分たちの思うがままに生活をしていた子どもたちは、1年生のときに叱られたり、権威で抑圧されたりしていたために、多少の注意に対しては耐性ができていた。また、自分たちのやりたいような生活ができることを経験し、誤学習しているために、単純に1年生からのやり直しだけではすまなかった。その誤学習を取り去ることも必要になってくる。もし、東先生が、やりたいようにやっている子どもたちを注意したり叱ったりして指示に従わせようとしたら、子どもたちは東先生に反感を抱いただろう。東先生は、学校の生活におけるルールを知らない子どもたちが、今の段階で少しがんばったらできそうなことに指導を絞り、徹底的に教えていった。何をしたらいいのか視覚化し、わかりやすく示した。そして、守るべきルールができたことへのフィードバックを、ごほうびの形にした。ごほうびには、授業中使用するものなので、手軽に扱うことができるチップを用いた。たまったら、子どもたちが大好きなお楽しみ会を行なう、という二重のごほうびを設定して、子どもたちのやる気をアップさせていった。最初のお楽しみ会が1週間という短期間で達成できたことも、子どもたちに見通しをもたせるためには、効果的だったといえるだろう。子どもたちの変化は、こうしたルールの明確化と、それを遵守することへのごほうびという形によるものだけではない。授業構成や視覚教材で子どもたちを引きつける東先生の工夫も、効果的だったといえる。

今後、3年生に進級した時点で、使ってきたチップを用いたごほうびは廃止することになるだろう。いったん身についた、学校におけるルールを遵守する力や学習態度は、たとえごほうびがなくなったとしても、崩れるものではない。東先生は「ほんとうは、じっくり考えさせたいのだけれど……」とつぶやいていた。

用語説明

［＊］——小1プロブレム
小学校に入学したばかりの1年生が、①集団行動ができない、②授業中に座っていられない、③先生の話を聞かない、などと学校生活になじめない状態が続くこと。

ほめ方Point

■不適切な行動を叱ってやめさせようとするのではなく、ほめる行動を焦点化し、時にはごほうびを使う。

先生に反抗するクラス

Case Summary ケース概要

　小山先生は、50代半ばの女性の先生である。これまで、知的障害の特別支援学級を長く経験してきたが、この春、自閉症・情緒障害特別支援学級［＊1］に配属されることになった。小山先生以外の担任は、30代後半の男性の岩下先生と、この春新規に採用された女性の友永先生であった。ほかには、時間講師の杉田先生がほぼ毎日指導にあたっている。杉田先生は40代前半の女性の先生であるが、4名の先生のなかでは、この学級での指導経験が最も長かった。

　クラスは、1～3年までの低学年と、それ以上の高学年に分かれていた。小山先生は、友永先生と2人で低学年を担任することに決まった。子どもは7名で、1年生は2名、2年生は3名、3年生は2名であった。1年生は男女1名ずつで、いずれも自閉症の診断を受けていた。2年生は、3名とも男の子で、自閉症児が1名、緘黙（かんもく）の子が1名、ＡＤＨＤの診断を受けている子が1名であった。3年生も2名とも男の子で、自閉症とアスペルガー症候群の診断を受けていた。

Current issues

課題となる状況

クラスのなかで、2年生のADHDの診断を受けているあきらくんと、3年生のアスペルガー症候群の診断を受けているかつやくんは、とても仲が良く、何かといっしょに行動することが多かった。2人とも知的な遅れはほとんどないものの、衝動的になるところがあり、ちょっとした刺激に反応することが多かった。あきらくんは、どちらかというとまだ幼く、言葉で表現することが苦手で、カッとなると手が出ることもあった。集中力は、あまり長く続かず、45分の授業を着席したまま受けることは難しい場合もあった。人なつっこく、素直な性格だった。かつやくんは、知識が豊富で、ニュース、宇宙、科学的なことに関心があり、自分の知っていることを大人のような口ぶりで話すことが多かった。一方で、手先が不器用で、図工や音楽では苦労していた。また、感受性が強く、たとえば教室の蛍光灯がパチパチとついたり消えたりするようになると、すぐに気がつき、先生に替えるように要求した。嫌なことがあると、言葉が乱暴になる面もあった。

新学期が始まると、2名の新しい先生が担任となったため、これまでとは少しずつ違うやり方で行なうように指示されることが増えた。これに対して、特にかつやくんを中心として、子どもたちが徐々に抵抗を示すようになった。たとえば、給食の配膳の仕方や、掃除の仕方といったことへの抵抗は強かった。掃除では、これまではそれぞれに雑巾がけを10往復したら終わりにしていいことになっていたが、小山先生は、みんなが並んで一斉に雑巾がけをするよう指示した。すると、かつやくんが「そんなこと、しねえし」と言い出し、そこにあきらくんが「何、言ってんだよ」と便乗する、といった具合である。それに対して、小山先生が「言うことを聞かないなら、やらなくていいです」と注意をすると、「やったー」と言いながら、2人は掃除の場を離れていってしまった。そして、1学期の後半には、掃除や給食といった日常生活の面だけではなく、授業においても、ことごとくかつやくんとあきらくんは小山先生にぶつかっていった。ときには、「くそババア」「うぜー」といったような激しい暴言を吐くこともあった。それに対して、小山先生は「それなら、〇〇しなくていいです」といった注意をすることが多かった。これに対し、「給食を食べさせなかったら、親に言ってやる」「授業を受けさせなかったら、体罰で訴えてやる」といったようなことをかつやくんが大声でどなり返すことが、毎日、数回繰り返された。

一方で、小山先生は、自分の指示に従う子に対して「〇〇ちゃんは、言ったとおりにやってくれてエラいね」と声をかけていった。友永先生のほうは、どうしたらいいのかわからず、小山先生とかつやくんたちとのバトルが始まると、その場からそっと離れるようなそぶりがみられた。これに気がついたかつやくんとあきらくんは、時々、友永先生をからかうような態度をとっていった。ほかの子どもたちは、かつやくんたちといっしょになって小山先生の指示に抵抗を示したり、われ関せずで、自分のやりたいことをやりたいようにやって、終わりにしたりしていた。

問題解決

低学年クラスの荒れた様子を見ていた岩下先生と杉田先生は、学校の特別支援教育コーディネーター[＊2]に、専門家のアドバイスがほしいと、巡回相談員の派遣を依頼した。小山先生と友永先生にも了解を得て、1学期が終わるころ、教育委員会から巡回相談員が派遣された。1日の学級の様子を見た後に、担任と特別支援教育コーディネーターを加えた会議を開催した。

巡回相談員からは、担任と子どもたちとの信頼関係を再構築する必要があることが指摘された。そのためには、脅すような注意の仕方を変え、ほめることと叱ることを、一定のルールを決めたうえで、メリハリをつけて示していくことが提案された。具体的な方法として、①一定の距離があるために、岩下先生と杉田先生と低学年の子どもたちとの関係性は悪くないので、できれば、授業における教員の組み合わせを変えたほうがいいことが提案された。さらに、②教員の組み合わせを変えた授業を利用して、子どもたちができたところを具体的にほめていくこと、③どうしても注意したり修正することが必要な場合は、今のところ、岩下先生か杉田先生が行なうといった役割分担をすること、④反抗的な態度をとったり挑発したりする子どもたちの言動には過剰に反応しないこと、この4点が提案された。

クラス担任を変更することはできないが、教科の授業については、能力別にグループ編成をしなおし、高学年と低学年の教師一人ずつが組んで担当していくことで2学期をスタートさせた。図工や音楽、体育といった専科の授業は時間講師の教員が担当するため、4名の先生はこれまでどおり、サブとして入ることとした。教科の授業に関しては、岩下先生と杉田先生がメインティーチャーとして、授業を進めていった。1時間のうち3回以上は、「できたね」「いいね」といったさりげないほめ言葉か、グーサインやハイタッチといったジェスチャーで、子どもたちがほめられる経験をすることを4人の先生のなかで取り決めた。子どもが、授業とは無関係な、やってほしくないことをしているときには、「○○しません」といった注意をせずに、今やるべきことについて再度指示をすることとした。それでも子どもが指示に従わない場合は、すぐに同じ指示を出さずに、しばらく様子を見ることとした。給食準備や掃除のやり方は、高学年と低学年で統一し、その手順を紙に書いてそれぞれの教室に掲示した。やり方に抵抗を示した場合には、「このやり方でやる決まりになりました」と言って、放っておくこととした。

結果

2学期が始まると、ほとんど指示を出さない小山先生に対して、かつやくんもあきらくんも抵抗のしようがなくなっていった。その反面、友永先生に対しては、ちょっとしたからかいが継続したが、相手にせずに放っておくことにした。一方で、授業においては、岩下先生と杉田先生が一人ひとりを的確にほめていった。ほめられた子どもたちは、そのたびににこにこし、斜に構えていたかつやくんやあきらくんも、徐々に授業の課題に取り組みはじめた。小山先生や友永先生は、そうした2人の先生のほめ方を見ながら、子どもたちに近寄り、「いいね」「できたね」とさりげなくほめることから始めていった。かつやくんやあきらくんは、最初のうち、2人の先生が近づくだけで、にらみつけていた。ほめられると「うるせー」「うざい」といった言葉を発することもあった。しかし、小山先生も友永先生もそれに対しては、まったく反応を返さなかった。3学期が終わろうとするころには、先生に対する子どもたちからの暴言は、ほとんど聞かれなくなっていた。

Conclusion まとめ

反抗期とは呼べない時期に、大人に対して反抗する子どもたちがいる。これには、さまざまな理由があり、育ってきた環境や、これまでの教育が関わっていることもある。また、反抗している相手の言動がきっかけになっていることもある。子どもたちが反抗しやすい先生の言動には、たとえば、権威を振りかざす、差別する、理由のわからない叱責や指示をする、言っていることや行なっていることが一定しない、といったことなどが含まれる。十分に相手のことを慮(おもんぱか)って「きっと先生も大変なんだよね」とか、「先生の言っていることは、わかるけど……」といったように考えてくれない年齢の場合には、反抗心をむき出しにすることもある。

小山先生と子どもたちとの対立は、やり方がこれまでと違う、という些細なことがきっかけだった。しかし、一方的に先生のやり方を押しつけられ、それを受け入れられなかった子どもたちに対して、小山先生はさらに「○○しなければ、やらなくていいです」という脅しをかけていった。これは、教師という立場を利用して、子どもたちを無理やり自分の思うとおりに動かそうとするやり方である。しかし、小山先生はベテランの先生ということもあって、それに対して、同僚の先生から物申すことができなかった。そこで、巡回相談員という外部資源を利用することを決めた。

いったん壊れてしまった関係性を修復することは、かなり難しいことである。しかし、巡回相談員が提案したことは、指示に従うことを一方的に強制しようとするのではなく、一定の距離をとりながら、子どもたちの言動を的確にほめていくことだった。特別支援支援学級では、チームティーチング制をとっているために、教員体制の見直しをしながら、役割分担を行なっていった。2学期間をかけても、十分にその関係性が再構築できたとはいえないが、子どもたちが、「あれ、この先生、前と違う」と感じることが、その一歩といえよう。

用語説明

［＊1］——自閉症・情緒障害特別支援学級
我が国に設置されている特別支援学級には、弱視、難聴、知的障害、肢体不自由、病弱・身体虚弱、言語障害、自閉症・情緒障害という7種類の学級がある。
自閉症・情緒障害特別支援学級では、「①自閉症又はそれに類するもの、②主として心理的な要因による選択性緘黙等のあるもののうち、その障害により、社会的適応が困難になり、学校などで集団生活や学習活動に支障のある行動上の問題をもつ児童生徒」を対象としている。自閉症や心理的な要因による選択性緘黙などによる適応困難の改善を主な目的としている。

［＊2］——特別支援教育コーディネーター
特別な教育ニーズを有する子どもの保護者や関係機関に対する学校の窓口として、また、学校内の関係者や福祉、医療等の関係機関との連絡調整役を担う者として、各学校の校長に指名された教員。

ほめ方Point

■チームで役割分担をして、指示を強制するのではなく、取り決めたルールを守れたら的確にほめる。

個人編

ケース6 いつも注意されているたつみくん

Case Summary ケース概要

たつみくんは、自閉症の診断を受けている、通常学級に通う小学1年生の男の子である。就学時健診のときに行なわれたWISC-Ⅳ[*]の結果では、全検査IQは88と境界域にあったが、言語理解の評価点は78であり、言語理解の弱さが目立った。一方で、算数では素早く答えを導き出したり、小学1年生とは思えない大人っぽい口調で、豊富な知識を語るなど、能力のアンバランスさが顕著であった。人との視線が合いにくい一方で、近くの人に近寄りすぎたり、むやみに触ったり、もたれかかるようなことが多かった。人なつっこく、はじめての人でも自ら話しかける様子が見られた。独り言が多く、その内容は、たいていテレビゲームのストーリーに関連することであった。

就学相談では、特別支援学級も視野に入れたほうがよいという声も上がったが、保護者の強い希望で、通常の小学校への入学が認められた。入学前より、管理職や特別支援教育コーディネーターと保護者との間で、たつみくんが学校生活を送るにあたり、想定される課題について話し合いを繰り返していた。

Current issues

課題となる状況

たつみくんの担任は、30代後半の女性の山田先生で、クラスは33名であった。たつみくんの席を前にして、すぐに山田先生からの指示が出せるように配慮していた。しかし、チャイムが鳴っても着席できない、教科書など授業に必要なものを口頭指示で用意することができない、課題が呈示されても取り組めない、突然授業とは無関係なことを大声で質問して先生や友だちに注意される、といったことが繰り返されていた。やがて、入学後1カ月もたたないうちに、たつみくんは授業中に着席していることができなくなり、教室内をうろうろ歩き回ったり、教室から飛び出してしまうことが増えてきた。そうしたたつみくんの行動に対して、山田先生は口頭で注意を繰り返したが、なかなか改善がみられず、徐々に山田先生から笑顔が消えていった。

担任一人では対応できないという管理職の判断から、空き時間の教員がクラスに入り、たつみくんの席のすぐそばに座って、指示を出したり、教室からの飛び出しに対応する体制をとることにした。しかし、常時たつみくんに一定の教員が補助に入ることは、学校の体制上難しく、教育委員会に申請しても、その要求は通らないという回答だった。

補助教員の反応を試すように、たつみくんは、授業とは無関係なことをやってもいいかなど、さまざまな要求を出したり、教室から飛び出したり、あとから追いかけてくるのかどうかを待つようなしぐさがみられるようになった。たつみくんの試し行動に対して、大声でどなったり、無理やり連れ戻すような対応をとる教員もおり、そうした場合、たつみくんは大声で泣き叫んだり、相手をけったり叩いたり、物にあたるようなパニックが繰り返されていった。

山田先生は、補助教員にたつみくんをまかせたきりになってしまった。上手に対応してくれる教員がついた時間に、たつみくんが授業に参加しても、それに対して山田先生は反応を一切返さないような姿が目立った。クラスのほかの子どもたちも山田先生にならい、たつみくんに関わろうとせず、クラスのなかでたつみくんは幽霊のような存在になっていった。

問題解決

空き時間の教員が一人たつみくんにつく、という体制をとったものの、たつみくんの行動には、まったく改善の兆しがないばかりか、悪化するばかりだった。そうして1学期も終わろうとするころ、保護者も含めた校内委員会が開催された。学校でのたつみくんの様子を見た保護者からは、本来は人から認めてもらったり関わったりすることが大好きなたつみくんが、まるでいないかのようにクラスのなかで扱われ、注意を繰り返されることへの嘆きが語られた。現在のたつみくんの行動が、本来苦手とする言語指示や集団ルールの理解不足だけからくるのではなく、クラスの友だちや教員から認めてもらえないために、補助に入る教員の気を引くことしかできないのではないか、という意見も出された。しかし、山田先生は、今のたつみくんには、ほめたり認めたりできることがない、たつみくんに対応するとほかの子どもに対応できなくなる、とその意見に反発した。

そこで、山田先生がたつみくんをほめたり認める機会を明確にして絞ること、補助教員間でたつみくんとの関わり方を統一することを方針とした支援手続きが考えられた。

山田先生がたつみくんをほめたり認めたりする機会として、1年生のこの時期にほかの子にとってはできて当然と思われる、授業に臨む行動をターゲットとした。たとえば、チャイムが鳴ったら着席する、質問がわかったら挙手をする、指示によって教科書の指定のページを開く、などである。まずは、1時間の授業で最低1回、その機会をみつけることを山田先生は了解した。

補助教員は、3つの点から関わりを統一することとした。1つ目に、たつみくんが無理な要求をしてきても、「今はできません」と淡々と答えることとした。もし、そのあと要求が繰り返されたとしても、そのときにやるべきことを示し、少しでも取りかかる姿がみられた場合は、すぐに「○○してえらいね」とほめることとした。2つ目は、教室から飛び出しても、あわてて追いかけずに、離れたところから見守っていることを基本とした。もし、目の届かないところに行きそうだったら、気づかれないようにあとをつけ、戻ってきた場合には、最大限にほめることとした。3つ目は、やらなければいけないことを繰り返し口頭で指示するのではなく、1回の指示で取りかかろうとしなければ手を添える、指さしをする、それでもだめなら取りかかりだけ手伝う、といった指示の出し方の変更であった。ここでも、取りかかろうとする姿勢がみられた場合には、「おっ！　筆箱を出せたね」などとほめることにした。複数の教員が関わるため、この3つの関わり方のポイントを箇条書きの文章にして、補助に入る前に読んでもらうこととした。

結　果

2学期に入り、かなりの努力をしながら、山田先生も補助教員も、たつみくんをほめて認めようとする試みを開始した。「先生に言われる前に座っていてえらいね」「姿勢がいいね」「上履きをきちんと履いていてかっこいいね」などのほめ言葉だけではなく、時には、グーサインやハイタッチも取り入れた。そうこうするうちに、周りの子どもたちも「僕も座っているよ」「姿勢もいいよ」と主張しはじめた。山田先生は、その子たちにも「そうだね、○○くんもカッコいいよ」とほめはじめた。子どもたちの保護者からの連絡帳には、「今日、先生からほめられたよ、と子どもがとてもうれしそうでした」というコメントが寄せられることがしばしばみられるようになった。

たつみくんの飛び出しや大声での発言はなかなかなくならなかったし、授業でやらなければいけない課題の1割程度を行なうのがやっとの様子であった。それでも、パニックを起こすことは徐々に減っていった。3学期に入ると、チャイムが鳴った段階で着席することが、当たり前のようにできるようになった。飛び出しも1週間に2、3回程度に収まるようになった。

山田先生は、3学期の終わりの校内委員会において「子どもたちに対してやって当たり前だと思っていたことをほめはじめたら、気持ちが楽になった。どうしても言うことを聞いてくれないたつみくんに対して、どう対応したらいいのかわからなくなり、正直、たつみくんと関わることを避けていました。たつみくんのできたところをみつけはじめたら、不思議ですが、たつみくんが私の言うことを聞いてくれるようになったんです」と話した。

まとめ

Conclusion

ベテランの先生になればなるほど、確固とした自身の教育方針をもっているものである。そして、そうした教育方針に従って、子どもたちを指導することで、多くの成功経験も積んできているだろう。しかし、自身のもっている方針が絶対的であればあるほど、そこからはみ出してしまう子どもの担任をしなければいけなくなったときに、これまでの経験がうまく生かせなくなってしまう。多くのとまどいと不安を抱えながら、それでも自分のこれまでの方針を貫こうとすることは少なくない。枠にはめようとすればするほど、注意を繰り返してしまい、子どもからの反発を食らい、苦しい思いをしてしまう。あるいは、とにかくほかの子どもたちを指導しようと、当該の子どもに対しては、無関心を装ってしまう。

山田先生とたつみくんは、まさにこうした悪循環に陥っていたといえるだろう。ほめて認めてほしいたつみくんと、ほめるところなんてない、クラスを乱してほしくないと思う山田先生のすれ違いにより、たつみくんの行動はエスカレートしていった。

たつみくんへの支援では、新しくたつみくんに何かを教えるというのではなく、たつみくんが本来できるであろう行動ができたときにその行動をほめた。そして、たつみくんが補助教員に対して行なっていた間違った注意の引き方を、本来やるべきことをやったときに大いにほめることで修正した。また、本来やってほしい行動を引き出すためには、これまで多用していた言語指示にも工夫をした。言語指示は、特定の準備はいらないし、遠くに離れていても伝わるために、大人は最もよく使ってしまう。しかし、同じ指示を繰り返しても、子どもがその通りの行動をとらなければ、その方法は効果的なものであるとはいえない。言語は、言ってしまえば消えてしまうため、子どもが聞く態勢になっていなければ、耳にも入ってこない。校内委員会での話し合いから、言葉のみに頼らず伝え方を工夫しながら、段階を踏んで、ほめられたり認められたりする行動を引き出していったといえる。

たつみくんが本来1年生が学ぶべき教科学習や生活習慣を新しく学ぶような姿を見せるまでには、まだ時間がかかるだろう。さらに、空き時間の教員が補助に入るという、かなり無理をした体制がいつまで続けられるか、不安要素は残っている。しかし、今後も認めてほめる段階を細かくステップアップさせつつ、たつみくんの成長をサポートしていくことが必要であろう。

用語説明

[＊]――ＷＩＳＣ-Ⅳ
ウェクスラーが開発した知能検査。ＷＩＳＣ-Ⅳは4回目の改訂。適用年齢は、５歳0カ月～16歳11カ月。全15の下位検査（基本検査：10、補助検査：５）で構成されており、10の基本検査を実施することで、５つの合成得点（全検査ＩＱ、４つの指標得点）が算出される。この検査からは、偏差知能指数が算出される。

ほめ方Point

■ほめる基準を少し下げ、まず子どものできそうなことをほめるようにすると、ほめる機会が増える。

ケース7 ちょっとしたうそをつくりきとくん

Case Summary ケース概要

小学1年生のりきとくんは、元気でくるくるとよく動く男の子であった。一人っ子で、両親と母方の祖父母と一緒に暮らしていた。お母さんはパートで働いていたが、りきとくんが学校から帰ってくる時間には家にいた。お父さんは、いつも帰りが遅いものの、休みは3人で出かけたり、祖父母とも一緒に外食に出かけたりと、仲の良い家族であった。りきとくんは、4歳のときから幼稚園に通っていた。同じ幼稚園から小学校に上がったのは3人で、いずれも別のクラスだった。

りきとくんの担任は、市川先生という30歳前後の女性の先生だった。これまで高学年の担任が多く、1年生を受け持つのははじめてだった。いくつかの幼稚園と保育園を卒園した子たちが集まっていたため、顔見知り同士の子のほうが少なかった。

課題となる状況

ゴールデンウィークが終わり、少しずつクラスが落ち着き、子どもたちの緊張もとれてきた5月中旬の金曜日、子どもたちが帰った後、市川先生宛にりきとくんのお母さんから電話があった。上履きを持ち帰らなかったので、どうしたのか聞いたところ、りきとくんが「だれかに隠された」と答えた、とのことだった。市川先生は、「月曜日にみんなに話を聞いてみます」と言って電話を切った。そのあと、教室に帰った市川先生は、教室のりきとくんのロッカー近くの床の上に、上履き袋にきちんとしまわれたりきとくんの上履きをみつけた。週が明けた月曜日、市川先生はりきとくんに「落ちていたよ」と、そっと上履きを渡した。

しばらくして、運動会の練習中にりきとくんは自分の不注意で、転んでひざや手をかなりひどくすりむいた。この日は、子どもたちが帰った後に、市川先生からりきとくんの家に電話をして、けがのことを話した。そうすると、お母さんからは「休み時間に友だちに押されて転んだと、りきとは言っていましたけれど……」と話した。さらに、お母さんは、「この前の上履きのことや、今回のけがのことで、友だちからいじめられているのではないかと心配しているところでした」と伝えられた。市川先生は、「りきとくんは、学校ではとても元気で、友だちと仲良くやっていますよ」と答えた。そして、「きっと、けがをしたショックで、勘違いしたのでしょう」と話した。この前の上履きの置き忘れについては、りきとくんは月曜日に帰ってから「なんだかよくわからないけれど、あった」と、お母さんには話したとのことだった。

学校でも、こうしたりきとくんの、ちょっとしたうそがみられるようになってきた。たとえば、保護者会の出欠について、お家の人に書いてもらってくる約束の日、りきとくんは用紙を提出しなかった。そして、「お母さんが書いてくれなかった」と主張した。休み時間に遊びに行ったりきとくんの机を市川先生がのぞくと、保護者会のプリントがそのまま入っていた。市川先生は、休み時間に教室に戻ってきたりきとくんに、「明日持ってくればいいよ」と、新しく保護者会のプリントを渡した。その日、子どもたちが帰った後、ゴミ箱に保護者会のプリントが1枚、丸めて捨ててあった。宿題を忘れたときも、「昨日やって、きちんと持ってきたのに、なくなった」と、りきとくんは主張した。次の日、いつも使っていた宿題帳が提出された。

問題解決

これまで、明らかにうそだとわかるりきとくんの行為を市川先生は責めることなく、りきとくんが困らないようにそっと解決してきた。りきとくんを傷つけたくない、という思いがあったからだ。しかし、あまりにも度重なるため、このまま黙っていていいのかどうか、迷いもあった。そこで、市川先生は、スクールカウンセラーと相談することに決めた。

スクールカウンセラーは、ちょっと困ったことがあったときに、自分の失敗を隠すためだったり、大人からの追及を逃れるために、子どもはそれほど罪悪感なくうそをつく場合があること、うそによって自分の失敗を隠すことに成功したり、大人からの追及を逃れることができると、気軽にごまかすうそをつきつづけてしまう可能性もあると話した。そして、困ったことがあったときに、大人に正直に話すことで、ほめられたり、問題解決する経験をしていったほうがいいとアドバイスした。市川先生は、忘れ物をしたときや、できないことがあったときに、ほかの子どもたちが正直に話していることをほめて、りきとくんにも見習ってもらうようにしたらどうだろう、という助言ももらった。

市川先生は、スクールカウンセラーの助言を受けて、翌日から「○○を忘れました」と言ってくる子たちに「正直に言えてえらいね。明日は、持ってこられるかな」と言葉を返した。授業でも「わかりません」と言える子に対して、「わからないことをわからないと正直に言えるのはとてもいいことです」と言葉を返していった。

結　果

市川先生が正直に話せた子どもたちをほめつづけていたある日、休み時間にりきとくんがひざをすりむいて教室に戻ってきた。市川先生が「どうしたの？」と聞いたところ、りきとくんは「よくわからない」と答えた。状況を説明しようと、たくさんの子どもたちがりきとくんと先生の周りを囲んだが、市川先生は子どもたちに「大切なことだから、りきとくんと2人で話してくるね。みんなは、授業の用意をして、待っていてね」と言い、廊下にりきとくんを連れ出した。りきとくんは、廊下に行っても黙ったままだった。「なにをして遊んでいたの？」と市川先生が聞くと、りきとくんは「鬼ごっこ」と答えた。「りきとくんが鬼のときに、転んだの？　それとも、逃げているとき？」と聞くと、「鬼に追いかけられて、タッチされて、転んだのかもしれない」と答えた。市川先生は、「正直に話してくれてありがとう。びっくりしたんだね。友だちと仲良く遊べてえらいね」と言って、りきとくんを教室に戻した。教室に戻って、市川先生は子どもたちに「りきとくんは、鬼ごっこでタッチされそうになって、びっくりして転んじゃったんだって」と話した。笑っている子どもたちもいたが、「正直に話してくれて、先生はとてもうれしかったよ」と、みんなの前でもう一度りきとくんをほめた。

それから、りきとくんは忘れ物をしたときや、勉強でわからないことがあったときや、宿題ができなかったとき、少しずつ正直に話すようになっていった。

まとめ

子どもがうそをつく原因は、年齢によっても違う。だいたい2歳半を過ぎるころから、子どもたちはうそをつくことができるようになるが、このころは、現実と空想や願望が区別できないまま話している場合が多い。うそをついているという意識はないことが、ほとんどである。このころのうそは、程度が軽ければ正常発達の範囲であったり一過性のものだと考えられる。

小学校へ入学するころになってもうそをつく子は、ほとんどの場合、自分がうそをついていることを意識している。意識的なうそをつくことには、いくつかの理由が考えられるが、ひとつは、今自分に起こっていることが理解できずに、うまく説明できないからである。たとえば、学校でちょっとした仲間はずれやいじめを受けたりしたとき、理由がわからず大人に叱られたり誤解されたりしたときなどである。または、少し過保護なほど大切に育てられてきて、プライドが高くなっている場合、できないことや失敗を認めたくないがために、うそをつくこともある。反対に、叱られることが多い子も、失敗して叱られることから逃れるために、うそをつくこともある。このころはまだ、抽象的な思考ができないため、事実は話せてもそれを説明するのが難しい。大人からの追及を逃れようとしたり、自分の失敗を隠すために、ついうそをつく。りきとくんの場合は、家庭では多くの大人のなかで育ってきており、失敗をすることがこれまで少なかったと想像できる。そのために、いざ困ったことがあるとどうしていいのかわからず、ちょっとしたうそをついてしまったのかもしれない。うそをつくことで、その場を逃れることができるだけでなく、親が過剰に心配するため、さらにうそをつく行為がエスカレートしたのだろう。

もうひとつ、この時期にうそをつく原因として、友だちや大人の注目を自分に向けたいという願望が強くなっていることが考えられる。たとえば、兄弟に手がかかって自分に目が向いていないときや先生から正しく評価されないときなどである。

通常、小学校の高学年になってくると、大人に対して隠しごとが増えてくる。そうすると、自分が大切に思うことを大人から隠すために、うそをつく場合もある。

子どもがうそをついているかもしれないと思ったときに追及しはじめても、子どもはかたくなになってしまう。そして、うそにうそを重ねてしまったり、何も話さなくなっていくこともある。しかし、うそをつくことによって、自分を守ることができたり、叱られることから逃れたり、だれかに心配してもらったりする経験を重ねると、うそが常習化する可能性もある。市川先生は、失敗やできないことを正直に話す子どもたちをほめることによって、間接的に、りきとくんに正直に話すことの大切さを伝えつづけたといえる。そんな市川先生が、面と向かって静かに話を聞いてくれたことに応えて、りきとくんが無理なく、正直に話す経験ができたことが、そのあとにつながったのだろう。

ほめ方Point

■やってほしくないことを注意するのではなく、やってほしいことができている子をほめてモデルにする。

ケース8 すぐにキレてしまうゆうやくん

Case Summary ケース概要

小学校1年生のゆうやくんは、祖父母と曾祖父母の5人で暮らしている。わけがあって、ゆうやくんが小さいときに、お父さんとお母さんは祖父母にゆうやくんを預けて家を出て行ったため、ゆうやくんはほとんど2人の顔も覚えていない。ゆうやくんの養育は、60代前半のおばあちゃんが主に行っていた。ゆうやくんの家は、もともと大きな地主で、おじいちゃんもひいおじいちゃんも外で働くという経験をしてこなかった。おばあちゃんは、おじいちゃんと曾祖父母の世話と家事を一手に引き受けていた。

ゆうやくんには自分の部屋があり、学校から帰ってくると自分の部屋でおやつを食べたり、部屋にあるテレビで好きな番組を見たり、大好きな工作をしたりして過ごしていた。夕食は、おばあちゃんと2人で食べることが多かった。

ゆうやくんのクラスの担任は、小松先生という20代後半の女性の先生であった。ゆうやくんと幼稚園から一緒の子もクラスには数名いた。ゆうやくんは、学校が終わると学校に隣接している学童保育に6時まで通っていた。

Current issues

課題となる状況

幼稚園のころから、ゆうやくんはちょっとしたことで友だちに対して手が出てしまうことが多かった。自分のやりたいことを、誰かがやっていたり、じゃまされたりすると、突然その子に向かっていって、叩いたり蹴ったりした。たとえば、体操の時間に一番に並びたいのに、ほかの子が最初に並んでいると、その子を押しのけた。そのことについて注意する子がいると、その子につかみかかっていった。歩いていて、前にいる子をそのまま押すようなこともあった。

こうした様子は、小学校に上がっても続いた。登校して教室に入るなり、近くにいた子どもたちを押しのけて歩くようなこともあった。授業準備ができなかったときに、小松先生が「教科書を出しましょう」とゆうやくんに指示すると、机を前に大きな音を立てて倒して、「今、やろうとしていたんだよ」と大声で叫んだこともあった。授業中は、たいてい座って話をよく聞いていて、先生の質問に対して的確に答えることが多かった。しかし、手を挙げて自分が先生から指名されるまで待つことができないために、わかったことをはじからしゃべっているような印象があった。

クラスでは休み時間になると、先生の周りに子どもたちが集まった。ゆうやくんは、誰よりも早く小松先生のそばに行き、時々座っている先生の膝に乗っていることもあった。小松先生は、膝に乗ってくるゆうやくんを拒否することはなく、抱っこしたまま、ほかの子どもたちの話を聞いたりしていた。そのことを「ずるい」と言うと叩かれるので、何も言わずに羨ましそうに見ている子が多かった。

学童保育では、下校してきた子どもたちが宿題をやっておやつを食べると、体育館や校庭で自由に遊んでいた。自由時間になると、ゆうやくんがキレてしまう回数はさらに増した。興奮したゆうやくんが、相手の子の目に鉛筆を突き刺そうと構えたこともあった。

小学校で開かれた1回目の保護者会では、ゆうやくんのそうした行為に対して、怖がっている子どもたちがいるという発言が多数あった。出席したおばあちゃんは、何度も何度も頭を下げ、「よく言い聞かせます」と言わざるをえなかった。しかし、翌日もゆうやくんはちょっとしたことでキレて、友だちに手を出していた。

Resolution 問題解決

ゆうやくんがほかの子に手を出してしまうことについて、学童保育の先生も含めた校内委員会が開かれた。校内委員会のメンバーは、特別支援教育コーディネーターに管理職、担任、スクールカウンセラー、養護教諭、そして教育委員会から派遣されている専門家委員会の巡回相談員であった。ゆうやくんの様子を観察した巡回相談員からは、一対一の対応が必要な子どもであると指摘された。そこで、管理職から、教育委員会のほうに特別支援教育支援員［＊1］の配置について依頼することを決定した。学童保育でも、補助員を募集することにした。また、スクールカウンセラーと養護教諭から、本人の生育歴と家庭環境の特殊性についての指摘があり、祖母を支えることの必要性が提案された。そのため祖母に、スクールカウンセラーとの面談を担任が勧めることにした。さらに、巡回相談員のほうからは、発達に障害のある可能性が指摘された。そして、スクールカウンセラーによる祖母との面談が成立したのち、医療機関の受診を勧めることとした。担任の小松先生から、友だちに手が出る以外に心配していることとして、先生が行なう個別の指示を注意されたと勘違いしてキレてしまうことが挙げられた。一方で、休み時間の異常なほどのスキンシップにどこまで応えていいものか、という迷いも語られた。巡回相談員からは、やらなければいけないことを言われてしまうと、自分がやっていないという事実を突きつけられて、注意されているように感じるかもしれないので、指示の仕方を変えてみることが提案された。まず、できているところをほめてから、やるべきことを伝えるようにするという方法である。それはたとえば「ゆうやくんは、姿勢がいいね。さあ、授業が始まるから教科書を出してごらん」といった言い方であった。また、スクールカウンセラーからは、スキンシップについて、明らかに幼児期からのスキンシップ不足が原因であるため、受け入れられる限り受け入れたほうがいいのではないか、という意見が出された。

結果

管理職の要請により、教育委員会による児童観察が行なわれた。その結果、ゆうやくんには特別支援教育支援員の配置が適切であると判断された。校内委員会が開かれた翌月から、中休みから5時間目が始まるまでの3時間、支援員は週3日間で配置された。30代前半の矢作先生（男性）が、支援員として配置されることになった。矢作先生は、支援員としての研修を重ね、これまでにも何校かで支援員として働いていた。矢作先生は授業中、ゆうやくんのそばにべったりついて指示をするのではなく、ゆうやくんからSOSのサインが出たときにそばに行って手伝った。休み時間は、反対にゆうやくんといっしょに遊びに行き、何かトラブルがあって、カッとなったゆうやくんが友だちに向かっていく前に止めて、ゆっくり背中をなでてあげることにした。そして、ゆうやくんの力が抜けたところで、「よく我慢したね、えらかったよ」とほめることを徹底した。ゆうやくんも矢作先生を信頼し、そばにいることをいつも確かめている様子がうかがえた。小松先生も指示の方法を変えたところ、すこしずつ、ゆうやくんはキレずに先生の指示に従うようになっていった。

一方、小松先生の勧めで、おばあちゃんのスクールカウンセラーとの面談が毎週行なわれるようになった。おばあちゃんはゆうやくんに深い愛情をもっているものの、ゆうやくんが学校でほかの子に手を出していないかどうか心配でたまらないことや、ほかの保護者への謝罪に疲れ切っていることが話された。家で過ごしているゆうやくんは、特段問題があるわけではないために、学童保育をやめようとしていることも話題に上った。スクールカウンセラーは、「ゆうやくん自身もカッとなって友だちに手を出すことをコントロールできないので、つらいのではないだろうか」と話し、医療機関の受診を勧めていった。スクールカウンセラーとの面談が開始されて、1カ月たったころ、ゆうやくんは医療機関を受診した。病院では、ADHD［＊2］の診断が出され、衝動性や興奮しやすさに効果がある薬が処方された。

Conclusion

まとめ

ちょっとしたことでキレてしまう子どもたちには、キレざるをえない理由がある。その理由には、自分のことを認めてほしい、受け入れてほしい、見てほしい、といったものがある。キレる沸点が低ければ低いほど、周りとのトラブルは重篤化していく。難しいケースに対して、担任一人で何とかしようとすると、共倒れになってしまうこともよくある。子どもの見立てだけ話したり、抽象的な解釈をするだけではなく、実際にできることを子どもと関係する大人が分担していく機能的な校内委員会が、重要な役割を果たす。

ゆうやくんの場合は、発達の障害に加えて、育っている環境の特殊性がその行動に影響を与えていた。気に入らないことがあったときに、友だちに手を出せば、周りにいる大人は放っておくことができず、必ず止めたり、注意したり叱ったりする。これは自分だけに注目してもらえる状況である。一方で、大好きな大人が自分に指示を出すことは、自分が否定されたように感じられ、その結果キレてしまう。そうすると、一定時間、指示どおりに行動しなくてもよくなったり、実際に指示に従わずにすんでしまったりする。はじめは注意していた友だちも、ゆうやくんがキレることで注意しなくなっていった。このように、ゆうやくんは、キレることで大人も友だちもコントロールしていたといえる。
教育委員会から配置された矢作先生の存在は、ゆうやくんの支援にとって重要な役割を果たした。友だちに手を出すことで他者をコントロールしていたゆうやくんに対して、手を出す前に制止し、制止できたことについて賞賛をした。また、賞賛してからやってほしいことを伝える小松先生の指示の仕方も、ゆうやくんにとっては自分を認めて受け入れてもらった経験につながったと推測できる。

用語説明

［＊1］——特別支援教育支援員
食事、排泄、教室移動の補助といった学校における日常生活上の介助や、ＬＤの児童生徒に対する学習支援、ＡＤＨＤの児童生徒に対する安全確保などの学習活動上のサポートを行なう専門スタッフ。

［＊2］——ＡＤＨＤ（Attention-Deficit/Hyperactivity Disorder＝注意欠如・多動症／注意欠如・多動性障害）
①不注意と多動性および衝動性という2つのカテゴリーのなかの9項目中６つ以上が該当するという臨床的な判断によって、ＡＤＨＤと診断される。症状が該当することに加えて、②12歳以前の発症であること、２つの異なる状況において同様の症状があること、③これらの症状が、社会的、学業的、または職業的機能を損なわせている、またはその質を低下させていること、④これらの症状が、統合失調症、または他の精神病性障害の経過中にのみ起こるものではないこと、という条項が加わる。

ほめ方Point

■やってほしいことをやっていない子に対しては、まずほめてから、やってほしいことを伝える。そのためにも、ほめる機会をつくりだすようにする。

「どうせムリ」が口癖のしのちゃん

Case Summary
ケース概要

しのちゃんは、小学2年生の女の子で、2つ下に弟がいる。しのちゃんは、小さいときから、どちらかというと引っ込み思案で、気の小さいところがあった。一方、弟は、やんちゃで明るく、ガッツがあるがんばり屋だった。しのちゃんがやりたいといって始めたダンス教室に、弟もいっしょに通っている。半年に1回行なわれる教室の発表会の前になると、弟は家でできなかったところを何回も何回も練習したが、しのちゃんは、お母さんが「やりなさい」と言ってもなかなかやらずに、発表会当日を迎えることが多かった。そして、弟は発表会でも中心的な存在で見事に踊りきるものの、しのちゃんは観客席からまったく見えない端のほうで、グニャグニャ踊っているような状態だった。そんな様子を見て、お母さんやお父さんが、「もう少し練習しないから、発表会でもうまくいかないじゃないか」とつい口にすると、しのちゃんは「どうせ私なんか、いくらやってもうまくいかないし……」と答えるのだった。さらに「ほんとうは、真ん中で踊りたかったのに、端にさせられちゃったんだもん」と言ったりもした。

しのちゃんの担任は、40代前半の松澤先生だった。快活な男性の先生だった。しのちゃんのクラスは、女の子も男の子も元気な子が多く、授業中も活発に意見が出るクラスであった。上手にリーダーシップを発揮する子も数人いて、クラスとしてまとまりがあった。

課題となる状況

学校でも、しのちゃんが自分から積極的に行動することは、あまりなかった。たとえば、学級の係を決めるときには、児童が自分のやりたい係に立候補していくのだが、しのちゃんはいつまでたっても何がやりたいのか言わずに、最後に残った係になることが多かった。学校では、松澤先生に「その係が嫌だったら言いなさい」と言われたが、「いいです」と引き受けた。しかし家に帰ると、「あんな係、やりたくなかった」とお母さん相手に文句を言った。お母さんは「だったら、自分のやりたい係に立候補すればよかったじゃない」と言うが、「どうせ、私にはムリだもん」と答えた。給食当番の役割、休み時間の遊び、学級活動や行事の役割などでも、しのちゃんは最後まで自分のやりたいことを言わずに、周りとの関係でなんとなく決まることが多かった。

体育の授業での跳び箱や鉄棒などは、1回やってできないと「もう、ムリ」と挑戦することをあきらめてしまった。全員で行なう大縄跳びの練習では、いつまでたっても回る縄のなかに入れなかった。家に帰ると、「学校の体育の授業が嫌だ」とお母さんに文句を言った。お母さんからは、「決して運動神経が悪いわけじゃないから、練習が足りないのよ」と言われた。

勉強面では、算数に苦手意識をもっていた。授業中、自分で解かなければならない問題をほとんど解かずにボーっとしていることもあった。掛け算の勉強に入ると、家で覚えてくる宿題が毎日出た。お母さんは、「掛け算、言ってごらん」と促すが、「ムリ、覚えられない」とまったくやろうとしなかった。

2学期末、保護者面談が行なわれた。しのちゃんのお母さんは、しのちゃんが「どうせムリ」だと言ってすぐにあきらめてしまうことや、本当はやりたいのに、やりたいことを伝えずにいることがあるのが心配だ、と松澤先生に話した。

Resolution

問題解決

松澤先生は、自分のやりたい気持ちを押し殺して、最初からあきらめているしのちゃんに対して、なんとか自己評価を高め、いろいろなことに挑戦していく気持ちを育てたいと思った。そこで、苦手な算数で、しのちゃんに課題の達成を経験をさせようと決めた。

これまでも、松澤先生のクラスでは、算数の小テストを毎週2回行なうことに決めていた。今までは、全員が同じプリントを使っていたが、松澤先生は、難易度の違う3種類のプリントを用意し、子どもたちが自分で選んでテストを受けることにした。子どもたちには、「3種類のなかから、自分ができると思ったプリントを選んでいいよ」と話した。そして、プリントには、難易度の順に「すいすいプリント」「しっかりプリント」「チャレンジプリント」と名前を付けた。そして、毎回子どもたちが選んだプリントの種類と点数を書いていけるよう、記録票を渡した。点数は、簡単なグラフで表わすように指導した。

Consequence 結果

子どもたちがどのプリントを選んでいくのか、松澤先生はとても興味深く観察した。しのちゃんは、迷わずもっとも簡単な「すいすいプリント」を毎回選んだ。「すいすいプリント」には、視覚的なヒントをたくさん入れたため、ほとんどの子が100点を取ることができた。これまで100点を取ったことのなかった子たちも、100点を取ってうれしそうだった。しのちゃんも毎回、100点を取るようになっていった。グラフで成績を表わすことにも、子どもたちは楽しそうに取り組んだ。

それから1カ月半が過ぎようとするころ、しのちゃんが、はじめて「しっかりプリント」を選んだ。結果は、70点であった。テストを返すときに、松澤先生は「しっかりプリントを選んだ気持ちが素晴らしいよ」としのちゃんをほめた。この日から、しのちゃんはいつも「しっかりプリント」を選ぶようになった。70点よりも低い日も高い日もあり、グラフはでこぼこした。それでも、しのちゃんが「すいすいプリント」に戻ることはなかった。

後日、お母さんのほうから、松澤先生にしのちゃんが100点を取ったテストを本当にうれしそうにお母さんに見せたという報告があった。お母さんもうれしくて、台所の冷蔵庫に100点のプリントを貼っておいたとのことだった。

まとめ

生活していくなかで、多くの失敗を経験したり、またそのことを誰かに指摘されたりしてきた子どもたちは、最初から取り組むことをやめてしまうことがある。自分の近くに、自分が失敗したことを見事にやってのけるような対象がいるとなおさらである。そして、いつの間にか自己評価が下がり、「どうせムリ」といった言葉を繰り返すようになっていく。自己評価が下がって、いろいろなことに尻込みしている子に対して、周囲がいくら「大丈夫だよ」とか、「がんばりなさい」と言っても、挑戦させることはなかなか難しい。「また失敗したら、どうしよう」という不安が先立ってしまうからである。

しのちゃんは、つねに弟と自分を比べて生活をしていたのかもしれない。お父さんやお母さんが、しのちゃんに対して弟と比較するようなことばをかけたのではないとしても、2年生くらいになると、自分と他人の違いがよくわかってくる。まったく無気力ではなく、やりたい気持ちはあるからこそ、自分自身でも挑戦する勇気がないことに、かえって歯がゆくなっていたのだろう。

松澤先生は、しのちゃんに直接的な介入を行なったわけではない。しのちゃんが、確実にできる経験を積み重ねようと試みただけである。難易度の違うプリントを用意して、クラス全員の子どもたちが、どれを選んでもいいことにしたため、しのちゃんだけを特別扱いしたわけでもない。そして、子どもたちは、ある程度自分の力に見合ったプリントを選んで取り組んでいったため、多くの子どもたちが高い点数を取ることができた。まさに、特定の子のための工夫が、すべての子どもたちに対して効果的にはたらく、ユニバーサルデザイン[*]の考え方を取り入れた指導といえるだろう。難易度が違うことはわかっていながら、高得点が続くことをグラフ化させたことで、子どもたちは自分で自分ができたことを視覚的にフィードバックされていたことになる。このことが、次もがんばろうという気持ちを維持させたのだろう。こうした積み重ねのなかで、しのちゃんが失敗の恐れのあるプリントに挑戦したことを、松澤先生はほめた。結果だけではなく、挑戦しようとした態度をほめられたしのちゃんは、このあと、尻込みしていたことに挑戦しはじめることが期待できるだろう。

用語説明

[＊]——ユニバーサルデザイン
年齢、性別、身体的状況、国籍、言語、知識、経験などの違いに関係なく、すべての人が使いこなすことのできる製品や環境などのデザインを目指す概念である。１９９０年代にアメリカのノースカロライナ州立大学のロナルド・メイス博士（１９４１～１９９８）が提唱したもの。メイス博士はユニバーサルデザインとして、７つの原則を提案している。

ほめ方Point

■ことばだけではなく、視覚的にフィードバックすると、ほめたい行動が維持できる。
■自分の行動を自分で記録すると、自分で自分をほめることになる場合がある。
■結果ではなく、過程をほめる。

ケース10 自主性の低いひろともくん

Case Summary
ケース概要

ひろともくんは、小学3年生の男の子である。お父さんとお母さん、それにお姉ちゃんの4人家族で暮らしていた。お母さんは、PTAの役員を毎年引き受けたり、地域の活動に積極的に参加するなど、活動的な人であった。6年生のお姉ちゃんもお母さんによく似て、非常に活発で、いつもたくさんの友だちに囲まれ、おしゃべりをしたり、外で元気に遊んだりしている姿が見られた。

一方、ひろともくんは、とてもおとなしい、どちらかと言えばのんびりした男の子である。いつも穏やかで、にこにこ笑っていることが多かった。勉強は、まったくわかっていないわけではなく、テストではだいたい3分の1くらいは正しく答えることができた。しかし、授業中の発言はほとんどなく、指名すると、わかるともわからないとも言わず、困ったように笑っていることが多かった。宿題をやってこなかったことも、忘れものもほとんどないが、自分ですべてやっているのかどうかは怪しいところであった。

課題となる状況

ひろともくんの学級は、若干男の子が多いクラスだった。担任の宮下先生は、教員になって4年目の男性の先生だった。全般的に男の子も女の子も元気で仲が良く、休み時間は、若い宮下先生もいっしょになって校庭で遊ぶことが多かった。ひろともくんも、だれに誘われるでもなく、当然のようにそのなかに混じって遊んでいた。

そんなある日、休み時間が終わって、子どもたちといっしょに宮下先生が教室に戻ると、ひろともくんが黒板の前で黒板消しを持ったまま、困ったような表情を浮かべて一人で立っているのを見かけた。どうしたのか尋ねても、首をひねって黙っていた。校庭から戻った子どもたちに聞いた話をまとめると、休み時間の前にたけしくんから「ちょっとこれ持ってて」と黒板消しを渡され、たけしくんがすっかりそのことを忘れて校庭に遊びに行ってしまったとのことだった。ひろともくんは、たけしくんから渡された黒板消しをどうしたらいいのかわからず、たけしくんに黒板消しを渡されたそのままの格好で待っていたようだった。

また、あるとき、ひろともくんと同じ班の女の子たちが、掃除場所にひろともくんが現われない、と先生に伝えにきた。ひろともくんのクラスは、班単位で4カ所の掃除をしていたが、1カ月ごとに場所を変えていた。月によっては、これまで掃除をしていない場所が担当になることもあった。宮下先生が校内を探したところ、ひろともくんは、先月担当していて、すでにほかのクラスが担当することが割り振られていた体育館にいた。自分の掃除場所を間違えたのは明らかだが、掃除を始めているほかのクラスの子たちに何か聞くでもなく、ひろともくんは、その場所でただ立っていた。

その後も似たようなことが繰り返されるうちに、周りの子どもたちが「ひろとも〜」と、すこしバカにして笑う姿がみられるようになった。また、班活動を行なうときにも、「ひろともには無理だからさ」と言う子も何人か出てきた。

学期末の三者面談の際に、宮下先生が「困ったときに、だれかに聞くことができないの？」とひろともくんに聞くと、母親が「まったくうちのはバカですから、人に聞くことも思いつかないんですよ」と笑って答えた。この後、宮下先生はお家でひろともくんがどんな生活をしているのか、何が好きなのか、といったことについて、ひろともくんに質問した。しかし、そのほとんどは、ひろともくんではなく、お母さんが答えていた。

クラスでのひろともくんの評価が下がっていることを何とかしたい、と宮下先生は頭をひねっていた。そんなとき、総合的な学習の時間に、自分の住んでいる地域について、班ごとで調べることとなった。宮下先生は、この班ごとの学習機会を、クラスのみんなにひろともくんを認めてもらうチャンスにしようと考えた。

Resolution 問題解決

ひろともくんの班では、なかなか調べることについての案が出ないようだった。宮下先生は、「お母さんやお父さんが、地域で行なっているようなことを調べてみてもいいよ。みんなのお父さんやお母さんは、地域で何かしていない？」と、アドバイスすることにした。みんながそれぞれにしゃべりはじめたが、ひろともくんは黙っていた。宮下先生から「ひろともくんのお母さんは、地域でたくさん活躍されているよね。どんなことをしているの？」と質問した。「神社の掃除とか、花の種をまいたりとか、お祭りのお手伝いとか……」と、ゆっくりひろともくんがしゃべりだしたところ、同じ班だったたけしくんが、「ああ、それで、この前のお祭りのとき、ひろともはっぴを着て、お宮のなかに入っていたのか」と割って入った。ほかの子どもたちも、「見たよ」と言い出した。それから、「お宮のなかに入るなんていいな。どうなっているの？　どんな人がいるの？」と、活発な発言が飛び交うようになった。宮下先生は、そんな子どもたちの様子を見ながら、「なかなか面白そうだね」と笑顔で言った。そのことばを聞いたその班の子どもたちからの発案で、「そうだ、神社調べがいいじゃん」とまとまった。その日、先生は、ひろともくんのお母さんに電話をして、神社のほうに子どもたちが調べ学習に行けるよう口をきいてもらえないか、とお願いした。さらに、この提案は、ひろともくんに端を発していることも、加えてお母さんに伝えた。

結果

神社に出向いた調べ学習の当日、顔なじみの神主さんから、ひろともくんが小さいときからお母さんについてきて、お祭りのお手伝いやら、時には神社の行事の手伝いをたくさんしてくれたことを聞いたみんなは、「ひろともってすごいね」「えらいんだね」「知らなかった」と口々にほめはじめた。ひろともくんも、まんざらでもない顔をしていた。翌日、ほかの班の子どもたちにもこうした話が伝わり、お家でもひろともくんの話をした子が出てきた。

調べ学習から何日か経った日、ひろともくんの連絡帳には、「クラスのお友だちのお母さんから、ひろともくんは黙って神社のお手伝いをするなんてえらいね、とほめられました。小さいときから連れまわして手伝わせていたことが、こんな形で評価されるとは思いませんでした。うれしい限りです。ひろとももも珍しく、調べ学習の日のことを家で自分から話しましたので、よかったね、と声をかけました」と書かれていた。

まとめ

自分から積極的に動いたり発言したりしない、いわゆるおとなしい子は、あまり大きなトラブルを起こさない限り、先生からも放っておかれることが少なくない。しかし、当然、そうした子どもたちにも、言いたいこともやりたいこともあるし、困っていることもある。これまでにあまり自己主張をしてこなかった子どもの場合、そんなときにどう表現していいのか、わからないのかもしれない。そして、ことが通り過ぎるのを待っていたり、誰かが何とかしてくれたり気づいてくれるのを待っていたりする。しかし、待っているうちに問題が解決するようなことが繰り返されると、自己表現する力は育たないままになる。そして、本人は何かしらの不全感を抱いた毎日を送ることになる。自己主張をしない子は、周りの子どもたちからすると、どう扱ってもいい子、といったイメージをもちやすく、時にバカにする対象になる。

ひろともくんは、非常に自己主張の強い活動的なお母さんとお姉ちゃんのいる家庭に育っているためか、なかなか自己主張する機会がなかったのだろう。クラスのなかのひろともくんをすこしバカにするような雰囲気を、担任の宮下先生は見逃さず、クラスのなかでひろともくんが認められるチャンスを待っていた。こうしたチャンスは、子どもたち一人ひとりの生活様式や好きなことを知らないと見逃してしまう。面談などで保護者から上手に情報を得た宮下先生は、ひろともくんの小さいころから続けていることを生かして、クラスの友だちに認めてもらう機会をつくりだしたといえよう。

ただ、クラスのみんなから「すごいね」とほめてもらえたものの、このことが一過性のものになっては意味がない。ひろともくんが友だちや家族から認めてもらい、ほめてもらったことにより、自分の思っていることを表現する力を伸ばしていくことが、この後の課題だろう。

ほめ方Point

■本人の生活様式や好みを知って、ほめるチャンスをみつける。

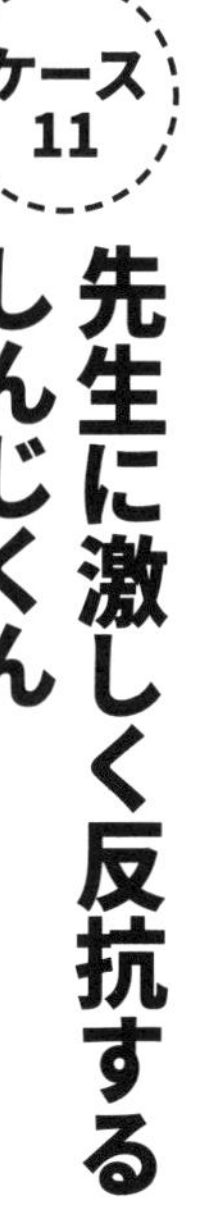

Case Summary
ケース概要

中学2年生のしんじくんは、3つ下の弟と両親の4人家族だった。1週間に4日、進学塾に通っていた。塾には、自分から行きたいと言い出して、小学校5年生のときから通っている。中学受験をしたものの、うまくいかずに地域の公立中学校に通っている。中学1年生のときの定期テストの点数は、つねに学年でトップクラスだった。しかし、授業中の態度が良くないため、すべての成績が良いわけではなかった。塾があるため、部活動には何も入っていなかった。

中学2年生に進級したときには、クラスのメンバーも担任も変わった。しんじくんの担任は、技術科の真鍋先生で、30代後半の男性の先生だった。1年生のときの担任は、女性の川島先生で、英語の先生だった。川島先生は、教員になって3年目だった。

課題となる状況

中学1年生の2学期に入るころから、しんじくんの先生に対する反抗的な態度が目に余るようになってきた。担任の川島先生は、声が小さく、授業中でも生徒となかなか目を合わせようとしなかった。学活でも、どことなくおどおどした様子で、生徒からの質問に対しては、すぐに「では、それは○○先生に聞いておきます」と答えることが多かった。しんじくんを中心に、何人かの男の子たちは、徐々に川島先生をからかうようになっていった。時に、「ばっかじゃねーの」「早く出て行け」といったような暴言を吐くこともあった。英語の授業中は、しんじくんを中心に何人かが席を離れ、教室の後ろのほうでたむろして、持ってきてはいけないことになっている雑誌などを見て、しゃべっているようなこともあった。それでも川島先生は、注意することもなく、淡々と授業をこなした。しんじくんたちのからかいに対して、川島先生は、ほとんど何の反応もしなかった。

そのうち、しんじくんを中心にした男子生徒の数名が、学級での活動や川島先生の英語の授業だけではなく、ほかの授業で、担当する先生の言動をからかったり、授業とは無関係のことをやるようになっていった。力づくで着席させようとする先生や大声で叱る先生、「そんなんじゃ、テストの点が良くても成績をつけられない」と、成績を引き合いに出す先生に対しては、特に強い反抗的な態度を取り、時に手が出るようなこともあった。

川島先生は、学年主任の先生とも相談して、しんじくんの保護者との面談を行なった。小学校までの間に、こうした先生に対する反抗的な態度をとったことがないこと、テストの点は良いこと、家では親の手伝いもよくするいい子であることから、両親はしんじくんの学校での言動が信じられない様子だった。それでも、その日のうちに両親はしんじくんに対して、かなりきつく学校での態度を改めるように話した。翌日、登校したしんじくんは川島先生をつかまえて、両親に学校の様子を話したことを「告げ口するんじゃねー」「ぶっ殺すぞ」と脅した。

こうした状態に、効果的な手立てを講じることができないまま、学校側では進級時にしんじくんとつるんでいた何人かの男の子たちのクラスを分けることとした。

Resolution 問題解決

中学2年生になったしんじくんのクラスを担任することになった真鍋先生は、他校からこの春に転任してきた先生だった。真鍋先生は、春休み中、開かれた学年会や川島先生との引き継ぎにおいて、しんじくんの様子について話を聞いていた。学年の先生たちからは、「最初が肝心だから、締めていったほうがいいですよ」とアドバイスをもらった。しかし、真鍋先生は、厳しい先生に対しても反抗心をむき出しにするしんじくんの様子を聞いて、単に力で何とかしようとすることにも反抗するのではないか、と思った。かといって、教室を無法地帯にするわけにはいかないので、やってはいけないルールは伝えていくこととした。「〇〇しなさい」とか、「〇〇は〜べきです」といった言い方は避けて、「頼むよー」といった雰囲気のほうが聞いてもらえるのではないかと思った。もともと子どもたちと冗談を言い合ってふざけることが大好きな真鍋先生は、その場の子どもたちの言動をとにかくほめていくことで、やりとりを増やしていこうと考えた。

結果

始業式当日、教室に入っていった真鍋先生は、教卓の正面で、自分の机の上に足を置いて、雑誌を読んでいるしんじくんの姿をみつけた。真鍋先生は、しんじくんに近づいていって、「何読んでるんだ？ おー、〇〇か。先生も中学生のころ、よく買ってたな」と肩に手を置きながらしゃべった。しんじくんは、「うぜー」とひとことだけ言いながら、手を振り払った。真鍋先生は、振り払われたことをさりげなくかわして、「さ、学校に持ってこられると、俺も読みたくなるからさ、勘弁してしまってくれ」と言いながら、しんじくんのそばを離れた。教卓に戻り、真鍋先生が出席を取りはじめると、しんじくんは、しぶしぶといった様子で雑誌をしまった。

2年生の1学期の技術の授業は、木工だった。真鍋先生は、木材を使って作りたいものを作らせようと決めた。生徒たちに見せるため、技術室の机の上に真鍋先生の作った作品をたくさん並べた。完璧に作ってある作品もあれば、少しずれてしまったところや、穴が開いているところがある失敗作もいっしょに飾った。生徒は自由に歩き回り、作品を見ていた。それぞれの生徒に「どうだ、俺が作ったんだぞ～」とか、「なかなか、この部分がこっているだろう～」と変な抑揚をつけた調子で、話しかけていった。真鍋先生の話口調にくすくす笑い出す女の子もいた。男の子たちのなかには、先生の作品の変なところをみつけては、「なんだよこれ」と指摘する子もいた。そんな子に対しては、真鍋先生は「おっ！　みつかってしまったか～。これは、ちょっとだけ手元が狂ったんだ。失敗も味があるだろう」と話した。子どもたちが「先生なのに失敗するなんて」と叫ぶと、「そんなこともあるさ」と返したりした。非常に和やかな自由な雰囲気のなかで、生徒たちに、どんなものを作りたいか、イメージを自由に描かせた。生徒たちが描いているイメージにコメントしながら、真鍋先生は机間巡視をした。しんじくんは、机に座るなり鉛筆立てのようなものを殴り描きして、うつぶせになっていた。しんじくんのそばに行った真鍋先生は、「もう描けたのか、決断力があるな」と肩をポンポン叩いた。

そのあとも、真鍋先生は学活や授業時間に、しんじくんも含めて、一人ひとりとのやりとりを積極的に行なった。「○○は、本当に字を丁寧に書くな」「○○のノートの書き方がいいね」「いいところに気がついたね」など、その場で子どもたちがしていることに対してほめることが多かった。しんじくんに対しては、やってほしくないことをしているときには、見逃すことも注意することもなかった。柔らかい口調で「知っているか？　そういうことをしないルールになっているんだぞー」と言ってみたり、「俺がしたくなっちゃうからやめてくれ」と言ってみたりした。そして、しんじくんがやめると、「わかってくれて、俺はうれしい」と精いっぱい伝えた。

中学2年生が終わるころ、放課後の技術準備室には、いつもしんじくんの姿がみられるようになった。真鍋先生以外の先生の授業も、さほど反抗せずに受けるようになってはきたものの、ときに、1年生のころに激しく反抗した先生に対して、しんじくんは行動を止められなくなるようだった。しかし、そんなときにも真鍋先生のところに来て、「あいつ、うぜーんだ」と話をするようになっていた。

まとめ

思春期に入った子どもたちは、大人に対して、時に理不尽にも思えるような態度で反抗する。それに対して、大人が注意を繰り返すと、反抗することによってだれかに注目してもらえると勘違いする。放っておくと、大人が注意を向けるまで行動がエスカレートする。逆に力でねじ伏せようとすると、大人と力比べをするかのように行動が激しくなっていく。大人が理屈で対応しようとしても、そもそも不安定な理屈の上に立った行動であるため、なかなか噛み合わない。

しんじくんは、家ではいい子だった。テスト勉強も家の手伝いも結果を出してきた。そうした家族からのしんじくんに対する評価は、自分で壊すことができず、家ではいい子でありつづけたのだろう。そして、たまたま担任になった川島先生が、しんじくんに対して何の評価も下さないかのような態度を取ることで、こっちを向いてみろ、とばかりに反抗的な態度がエスカレートして止められなくなっていった。

一方、真鍋先生は、最初からしんじくんの反抗的な態度にするりと入っていった。ルール違反を無視せず、かといってルールを押しつけるのでもなく、まるで、小さい子にはじめて教えるかのようなとぼけた態度で、やってほしいことを呈示したり、お願いしたりした。拍子抜けして、しぶしぶルールに従うしんじくんに対して、それをほめるのではなく、自分がうれしいのだと伝えた。これに対して、本気で自分に接してくれた、としんじくんは感じたのだろう。ほかの子どもたちに対しても、結果ではなく、過程を認めていくことにした。それまで、結果を出さなければいけなかったしんじくんにとっても、ほかの子どもたちにとっても、それは居心地のいいほめ方だったのだろう。

ほめ方Point

■感謝や喜びといった、ほめる側の気持ちを伝える。

ケース12

ほめられると調子にのるみずきくん

Case Summary ケース概要

小学4年生のみずきくんは、お姉ちゃんと妹が一人ずついる、3人兄弟の真ん中だった。陽気で明るい男の子だったが、一方で気が散りやすく、勉強になるとなかなか集中力が続かなかった。うっかりミスも多く、忘れものやなくしものをしょっちゅうしていた。そんなみずきくんに対して、物事をはっきり言うタイプのお父さんとお母さんは、「落ち着きがないんだから」とか、「ほんとうにバカなんだから」と叱ることも少なくなかった。それでも、みずきくんはすねることもなく、「はい、はーい。今度から、気をつけます」などと調子よく、謝ったりしていた。

学校でも、お調子者のみずきくんは、クラスのムードメーカだった。そんなみずきくんの担任は、20代半ばの男性、藤島先生だった。

Current issues

課題となる状況

みずきくんは、授業中、とにかくよく手を挙げて発言した。それに対して、藤島先生が「よしよし、いい答えだ」とか、「みずきがよく手を挙げてくれて、先生はうれしいよ」とほめると、「でしょ、俺ってすごいでしょ」とおどけてみせたりした。忘れものをしたときは、みずきくんが「〇〇、忘れてしまいました。ごめんなちゃーい」と大きな声で言うと、「今度は気をつけろよ。でも、はっきり言えてえらかったぞ」と藤島先生は答えてくれた。給食でも、牛乳の早飲みをしたり、デザートをみんなと交換して集めて、「ねえ、ねえ、俺って人気者でしょ」とおどけてみせたりした。休み時間は、仲のいい子といっしょにお笑い芸人のまねをして、みんなを笑わせることが多かった。藤島先生は、そんなみずきくんを注意することもなく、子どもたちといっしょに笑って見ていることが多かった。

時々、調子に乗りすぎて、失敗することもあった。校庭の落ち葉を集めているときには、竹ぼうきを脇に抱えてギターに見立て、でたらめの歌を歌った。それを見て笑っている子もいたが、一生懸命掃除をしている子たちに、「ねえ、掃除してよ」と文句を言われてしまった。また、上り棒を上り、頂上近くの高さで片手を離し、大声を出しているうちに、手が滑ってずり落ち、手のひらをすりむいたこともあった。牛乳を一気飲みしていて吹き出したことや、食べ過ぎて授業中にトイレから出られなかったこともあった。友だちから笑われたり、「おもしろい」と言われるだけでなく、「バカだなー」とあきれられても、「そう、俺ってバカでしょ?」とうれしそうだった。失敗をしても、人を傷つけるようなことをしないみずきくんのことを、藤島先生も「面白い」とほめることが多かった。

夏休み前、保護者面談が行なわれた。お母さんは、みずきくんは忘れものやなくしものが多いことや、おっちょこちょいでお調子者であることをとても心配していると話した。そして、家ではそうしたことに対して、かなり叱っているが、まったく聞かずに、叱られてもおちゃらけてごまかしていることが多いとのことだった。しかし、一方で、叱られた後にふと、「俺ってバカだなー」とつぶやいたり、「どうして、俺はいつもこうなんだろう」とまじめな表情で言うこともまれにあり、そんなときは、どうしてあげればいいのかわからないと話した。

問題解決

お母さんの話を聞いて、藤島先生は、学校ではとても陽気でクラスのムードメーカであるみずきくんの様子を話した。しかし、お母さんは「まったくお調子者で……」と先生の話してくれたみずきくんの様子に、ますます心配になったようだった。お母さんの話から、藤島先生は、「気にしていないようにみえて、実はみずきくんは、自分の失敗を反省したり、気に病んだりしていたんですね。きっと、自分のことを客観的にみることができるようになってきているからでしょう」と返した。そして藤島先生は、学校では、みずきくんの失敗に対して、よほどのことがないと叱らないように心がけていると話した。お母さんは、「先生、甘いと余計に調子に乗りますよ」と、それに対して抗議した。しかし、藤島先生は「失敗したことをいくら怒っても、これまでそれほど効果がないとすれば、叱られることで自分はダメだ、と思ってしまうかもしれません。むしろ、お母さんからみたら欠点と思われるようなところを、ポジティブに返していきたいと思っています」と話した。そして、お母さんから挙げられたみずきくんの欠点について、どうポジティブに返すことができるのか、アイディアを出した。たとえば、「おちゃらけている」は「明るい」「陽気だね」、「お調子者」は「小さいことにこだわらない」「おおらかだね」、「忘れっぽい」は「興味がたくさんあるからね」といった具合であった。

お母さんは、疑心暗鬼の表情をしていたが、みずきくんの欠点だと思っていた点を藤島先生がポジティブに言い換えてくれるので、少しうれしそうでもあり、「裏返してみると、うちの子、そんなふうにみえるのですね」と言った。そして、「家でも、叱りたいのをぐっと我慢して、少し言い換えを考えてみます」と話した。

結果

お母さんとの面談後、しばらくすると夏休みに入った。夏休み中、藤島先生がプールに来たみずきくんに会うと、みずきくんが近寄ってきて、「最近さ、母さんが何だか気持ち悪いんだよ。保護者面談の日からでさー、すっかり怒られると思っていたのに。先生、何か言ったの？」と聞いてきた。藤島先生が、「どんなふうに気持ち悪いんだ？」と尋ねると、「今までだったら叱られているようなことを、お前は明るいねー、とか言ったりするんだ。気持ち悪くてさ」と言った。藤島先生は、「いいことじゃないか。それとも、叱られたいのか？」と笑って答えた。

夏休み明け、みずきくんのお母さんから、藤島先生に手紙が送られてきた。夏休み、いっしょにいる時間が長かったみずきくんに対して、今までだったら目につけばすぐに怒っていたところ、どう言い換えればいいのか考えているうちに怒りが収まって、何とかポジティブに返すことができたような気がする。そうすると、これまでやったことがなかった自分の部屋の片づけをやったり、食事の手伝いをしてくれたりした。勉強なんて言われるまでやったことがなかったのに、遊んでばかりいるところを「お前は元気だね」と言っていたら、自分から少し宿題をやったりした。相変わらず、忘れものも多いし、不注意だけれど、そうしたことがあまり気にならなくなった。手紙には、こういったことが書かれていた。

Conclusion
まとめ

保護者は、わが子の良い面ばかりみることができるわけではない。「こんな子になってほしい」と思えば思うほど、欠点と思えるようなことが目についてしまう。それに対して、ストレートに叱ったり、否定的な言葉で注意を繰り返せば繰り返すほど、子どもたちは、「自分はそういう子なのだろう」と考え、自己評価が低くなる。また、わが子について、ほめるところがないとか、ほめれば調子にのる、といったように話す保護者もいる。しかし、長所と欠点は、裏返しになっていることが多い。ほめるところがないと思っている場合でも、視点をかえれば欠点をポジティブに言い換えることができる。

みずきくんのように、お調子者で、ほめられればほめられるほど調子にのってしまう子の場合、実は他者の評価を気にしていることが多い。ほかの子に比べて、他者から認めてもらいたい気持ちも強い。失敗したときに注意をすると、おちゃらけてごまかしたりしていても、気にしていないわけではない。落ち込んだ自分を見せることができないだけかもしれない。否定的な言葉をかけるのではなく、ポジティブに言い換え、うまくいったときには大げさなほどほめることによって、自己評価を高め、うまくいかなかったことに対してなんとか解決しようとする姿勢を育むことができるだろう。

ほめ方Point

■欠点だと思われている点をポジティブに言い換える。

ケース13 忘れものが多いがくちゃん

Case Summary ケース概要

小学校3年生のがくちゃんは、人なつっこい、気立てのいい男の子である。友だちがとても多いわけではないが、休み時間に一人でいることはなく、気の合う2、3人の男の子たちといっしょにいることが多い。勉強は、それほど好きではなく、成績は下から数えたほうが早い。加えて、ぜんそくがあり、月に1回は、午前中だけ学校を休んで、病院に行かなければいけなかった。

ことばの発達が遅く、初語は2歳ころであった。運動発達は問題なかったが、ハイハイの時期が極端に短く、つかまり立ちをしたかと思うと、すぐに走るように歩きはじめた。また、家族で出かけると、迷子になることが多かった。しかし、動きが激しいというわけではなく、何かに集中していると、周りが見えなくなってしまい、いつの間にか家族とはぐれてしまうといった様子であった。

課題となる状況

がくちゃんの担任は、40代の女性、山崎先生である。おおらかで、子どもたちからも保護者からも信頼が厚い。がくちゃんも山崎先生が大好きで、休み時間になると、気の合う友だちといっしょに、山崎先生にまとわりついていた。たとえ前の時間に怒られたとしても、それは忘れてしまったかのように、「せんせー」とくっついていた。

がくちゃんは自分の持ちものの管理ができなかったり、忘れものが多かったりした。教室で床に落ちているものがあると、たいてい、がくちゃんのものだった。自分の机の周りだけではなく、教室の後ろのロッカーの上や、先生の机の上にも、がくちゃんの持ちものが忘れられていることがよくあった。女の子たちからは、「また、がくのだー」「もう、がくー」と注意されることがあったが、当のがくちゃんは、それほど気にしている様子ではなかった。

家から持ってこなければいけないものを、忘れてしまうこともよくあった。低学年のころの担任は、つねに連絡帳をチェックしてから持ち帰らせていた。家では、先生と密な連携をとっているお母さんが、連絡帳を見ながら、忘れものがないかチェックしていたので、それほど忘れものが多いわけではなかった。しかし、山崎先生は、自分で自分のことができるようになってほしいという思いから、この連絡帳のチェックをやめていた。すると、がくちゃんは連絡帳やプリントを学校の机のなかに入れたまま帰ることもあり、お母さんもチェックできない状態になっていた。しかし、がくちゃんは大切なものを忘れても、それほど困った様子はみせなかった。

そんながくちゃんだったが、3年生の学芸会では、練習から一生懸命取り組んだ。劇で使う道具を作るのに必要な材料を家から持ってくるときには、忘れものをしなかった。そして、当日も大きな声を出して、立派に演技をした。学芸会当日は何かと忙しく、発表が終わった子どもたちに対して、山崎先生が「皆さん、とてもよかったです。がんばりましたね」と声をかけてその月が終わった。

週明けの月曜日、山崎先生は、普段の様子からは想像がつかないほどのがんばりをみせたがくちゃんをほめてあげたいと思い、休み時間にまとわりついてきたがくちゃんに対して、「学芸会、がんばったね。忘れものもなかったし、大きな声で立派だったよ」と声をかけた。しかし、がくちゃんはそれに対して、「え？　そうだっけ？」という表情をして、特別な反応を返すことはなかった。

Resolution

問題解決

山崎先生は、物の管理ができずに忘れものが多いがくちゃんに対して、お母さんと連携をとりながら、忘れものチェックを継続すれば、忘れもの自体は少なくなると考えていた。しかし、そう思いつつ、それではいつまでたってもがくちゃんが一人で自分のものを管理し、必要なものを持ってくる準備ができなくなる、という思いと葛藤していた。そんなときに、校内委員会が開かれ、がくちゃんの様子を話したところ、チェックの使い方を工夫すればいいのではないか、という声が上がった。一気にチェックをなくしてしまうのではなく、がくちゃんが自分でチェックする方法を教えたらどうだろう、という意見であった。

そこで、山崎先生は、持ちものチェックリストとして、1ページずつ切り取ることができるメモ帳を使うこととした。メモ帳は、文庫本くらいの大きさで、端に穴をあけ、チェーンをつけて、ランドセルの前のポケットのファスナーの穴にリングで留めた。メモ帳には、次の日に持ってくるものを書き、家でがくちゃんがそれをランドセルに入れたら、大きな○印をつけることにした。次の日、がくちゃんが登校してすぐに、○印がついていてもいなくても、山崎先生がメモ帳のそのページを破って保管することにした。そうすることで、つねに持っていかなければならないものは、メモ帳の1ページ目に書いてあることにした。先生は破ったメモ帳を、○印がついているものとついていないものに分類し、ファイルした。さらに、実際に忘れものをしなかった日は、がくちゃんの目の前で、先生がメモ帳にシールを貼ってあげることにした。そして1週間ごとに、たまったページをファイルにして、がくちゃんに返すことにした。お母さんには、最初のうちだけ、がくちゃんにメモ帳にチェックするよう、声をかけてもらうことをお願いした。

放課後、がくちゃんを呼んで、「忘れものバイバイ作戦」と名づけた、この一連の方法を話した。がくちゃんにやってみたいかどうか聞いてみたところ、がくちゃんは「やるよ」と即答した。

結果

お母さんには声かけだけをお願いしたものの、最初の2週間くらいは、がくちゃんがチェックをするまで、お母さんはそばについていた。そのため、チェックをがくちゃんが忘れることはなく、忘れものもほとんどなかった。先生からシールのついたメモ帳のファイルを金曜日にもらい、「今週は、全部シールつきだね」と言ってもらうと、がくちゃんはにこにこっと笑った。

山崎先生は、3週目から、お母さんに一人でできるようになることが大切だから、と理由を説明し、がくちゃんがチェックしているときは、離れて見守っていてほしいとお願いをした。3週目は、2日忘れものをした。金曜日にもらうメモ帳の枚数が少ないことに、がくちゃんは「あーあ」と声を漏らした。4週目は、1日忘れものをした。家でも、翌日の準備をする時間を寝る前と固定することにした。3カ月が経過するころには、家でメモ帳を見ながら持ちものチェックをすることが、がくちゃんには習慣として身についた様子だった。

山崎先生は、がくちゃんを呼んで、今度は「落としものバイバイ作戦」をしようと提案すると、がくちゃんは「また、メモ帳だね」と、うれしそうに了解した。

まとめ

子どものほめ方には、いくつかのポイントがある。そのひとつは、子どもが行動したあと、なるべくすぐにほめるということである。年齢が低ければ低いほど、時間が過ぎてしまえば忘れてしまう。「今やったそのこと」を、「その場」ですぐにほめるほうが、子どもたちは自分の行動を次に生かすことができる。しかし、子どもたちが所属する集団や行動範囲が広がれば広がるほど、大人が個々の子どもにつねについていることは難しくなる。そんなときには、子どもたちに自分が行動したという証拠を残してもらって、その証拠に基づいてほめる方法が効果的である。たとえば、本読みの宿題が出たときに、1回読むたびに音読カードにチェックをして、翌日先生にカードを見てもらうなどである。この方法だと、自分の行動に目が向くために、子どもたちに自己制御の力をつけることもできる。

叱られたことも、自分ががんばったことも、過ぎてしまえば忘れてしまうがくちゃんに対して、山崎先生がとった方法も、この遠隔操作のような方法だった。忘れものをしない、ということだけ考えれば、お母さんといっしょに準備をしたほうが確実である。逆に忘れものをして自分が困るという経験をすれば、忘れものをしなくなる子もたくさんいるので、あえて親に手を出してもらわないようにお願いすることも、ひとつの方法である。しかし、がくちゃんの場合、忘れものをしても困っていない。あるいは、困っていても忘れてしまう。そこで山崎先生は、忘れても何回でも参照することができるような視覚刺激を用いていった。徐々に親の手をはずしてもらいながら、自分で自分の行動にチェックを入れることは、自分で自分をほめるツールにもなったのだろう。

がくちゃんが少しずつ、チェックする習慣を身につけていったのには、ほかにも細かな工夫が関係している。1つ目は、チェックするメモ帳を、いつもランドセルにくっつけておいたことである。これは、メモ帳を紛失しないための工夫である。2つ目は、メモ帳を開ければすぐにチェックできるようにしたことである。これで、今日はどのページかな、と探す手間や間違いが減る。3つ目は、終わったページを先生が管理して、保管していったことである。これで「できた回数＝ほめられた回数」と目に見える形でわかるようになった。

これは、ほかの子どもたちから、うらやましがられる方法かもしれない。そのため、特定の子どもに対して、何か特別な方法をクラスのなかで行なう場合には、ほかの子どもたちに口頭で説明することも必要である。しかし、日常のなかで、それぞれの子どもたち一人ひとりを大切にした学級経営をしていくことがなにより大切だろう。

ほめ方Point

■子どもが行動をしたあとで、なるべくすぐにほめる。
■その場ですぐにほめられないときは、対象行動を行なった証拠を残す。
■自分で自分の行動を記録することは、自分で自分をほめることにつながる。

ケース14

無口なひなたちゃん

Case Summary ケース概要

小学校5年生のひなたちゃんは、すでに小学校を卒業した2つ上のお兄ちゃんと2人兄弟で、どちらかという小柄で、スリムな女の子であった。会社員のお父さんと専業主婦のお母さんと4人家族で家族は仲が良く、休日には4人で出かけることが多かった。

ひなたちゃんのクラスは、4年生から5年生になるときにクラス替えはなかったものの、4年生の担任が、年度末に定年退職したため、新しい先生が担任となった。新しい担任は、30代半ばで女性の橋本先生だった。これまでひなたちゃんと同じ学年の先生ではあったが、ひなたちゃんの担任になるのは、はじめてだった。

Current issues
課題となる状況

1年生の最初のころ、ひなたちゃんは、毎日のように泣きながら登校し、時には、玄関から教室に一人で入ってくることができない日が続いた。お母さんが登校時につきあい、教室まで来てから、ようやくお母さんと離れるという日々がしばらく続いた。登校がスムーズにいきはじめると、1年生から3年生までは、おとなしいものの、授業中先生にあてられると発言することもあった。3年間、担任が変わることはなかった。学習面は、全体にゆっくりで、学年の6割から7割くらいの理解力ではないか、という前担任からの引き継ぎがなされた。休み時間には、決まった友だちと遊ぶ姿があった。どちらかというと、友だちに誘われて、そのあとをついていくといった感じであった。

4年生は、退職前の男性の古橋先生が担任した。体も声も大きい古橋先生は、子どもたちをあたたかく受け入れる一方で、叱るときには非常に大きな声で怒鳴った。これを怖がる子どもたちは少なくなかったが、叱られた後は、いつものあたたかい先生に戻るために、古橋先生のことを嫌いになる子は少なかった。しかし、ひなたちゃんは、徐々に授業中にあてられても、何もしゃべることができなくなっていった。古橋先生が発言を促すと、うつむいたまま、一言も発しないことが続いた。周りに座っている子どもたちが、答えを小声で教えてくれることもあったが、ひなたちゃんは何もしゃべらなかった。同時に、表情がどんどん硬くなり、人からの視線も外すようになってきた。教室移動でも、ほかの子どもたちから後れをとるようになっていった。4年生の最後のほうは、友だちか先生が手を引かなければ、移動しないままになってしまうような場面も出てきた。体育の時間は、準備体操の場所に行けたとしても、直立不動のままでいることが多く、その姿は遠くから見ても非常に目立っていた。古橋先生は、そうしたひなたちゃんに対して、最初のころは「早くしなさい」と注意をしていたが、徐々にそうした注意をすることはなくなっていった。授業中、ひなたちゃんは挙手をして答えることもなくなっていった。そして、そんなひなたちゃんを古橋先生も指名しなくなっていった。また、たとえば、順番に教科書を読むようなときには、友だちもひなたちゃんの順番を無言のうちにとばした。体育の時間では、あまりにつらそうなときは、古橋先生が「休んでいてもいいよ」と端に連れていくこともあった。ひなたちゃん自身が、何かを決めなければいけない場面では、先生が選択肢を紙に書いて、ひなたちゃんに「どっち?」と聞いて、指さしで選ばせていた。

Resolution

問題解決

5年生になって担任が橋本先生に代わる際、古橋先生からひなたちゃんの様子について、引き継ぎがなされていた。学年で行なう体育の授業などでは、実際に橋本先生もひなたちゃんと古橋先生とのやりとりを見ていた。

橋本先生は、スクールカウンセラーと相談しながら、ひなたちゃんとどうかかわっていくべきか、新学期が始まる前に考えていた。スクールカウンセラーからは、しゃべらないことに焦点を当てると本人が苦しくなると思う、とアドバイスされた。また、体を動かすことについては、できるときもあるので、本人ができるかできないかを決めていくのがいいかもしれない、というアドバイスも受けた。橋本先生は、このアドバイスを受けて、教室移動や体育などの体を大きく動かす際には、一人でできるのか、手を貸してほしいのか、教室にいたいのか、という3択からひなたちゃんに選択させることにした。また、授業中の発言は、できるときにはほかの子と同様に手を挙げること、本読みなど順番が回ってくることについては、やるのかやらないのか、といった2択で、1週間ごとに決めていくことにした。ひなたちゃんには、授業が開始された日の放課後、以上のことを提案した。このとき、「高学年になるからね」という言葉も添えた。そして、このやり方が嫌な場合には、お家に帰って、お母さんかお父さんに話して、次の日の連絡帳に書いてもらうか、自分で書くか、どちらかで伝えてほしいとお願いしたところ、ひなたちゃんは、うなずいた。翌日の連絡帳には、両親から「先生のやり方でお願いします」と、書かれていた。

橋本先生は、専科の授業や全校朝会などの移動の際に、みんなの前でひなたちゃんにどうするのか聞いた。ひなたちゃんは、なかなか選べない日もあった。しかし、どの選択肢を選んでも、橋本先生は「よく選んだね」と賞賛した。「一人でできる」を選ぶことがとても多かったが、動き出しに時間がかかることもあった。それでも、「決めたことはやろう」と声をかけ、橋本先生が待てるときには、自分から動き出すのを待った。橋本先生が待てないときには、「向こうに先に行って、待っているからね」と伝えた。順番があることにひなたちゃんが参加するのかしないのかについても、月曜日の朝の会を使って、みんなのいる前で決めさせた。たいてい、ひなたちゃんは参加しないことを選んだが、それでも橋本先生は「よく選んだね」と賞賛した。

結果

2学期が始まったころ、移動については、毎日「一人でできる」をひなたちゃんが選び出したため、3つの選択肢を出すことはなくなっていった。その場に行けても、準備体操で体が動かないことがあったり、活動への参加が非常にゆっくりの日もあった。反対に、どこにいるのかわからないほど、スムーズに動ける日も多くなってきた。動けても動けなくても、橋本先生はひなたちゃんに対して、特別な声かけをしなかった。

運動会の練習が始まった9月の後半、全員リレーの練習を開始した。ひなたちゃんの走る順番になると、数名の子どもたちが「大丈夫だよ」と声をかけた。実際に走っているときには、速く走れないひなたちゃんに対して、「ひなたー、がんばれ」と応援する声が聞かれるようになった。

まとめ

繊細な子どもたちのなかには、ちょっとしたことで、心を閉じてしまう子もいる。大人からみれば、たいしたことではないと思えることが、実際に子どもの心に大きな重しを置いたようになることがある。そんなときに、子どもたちの様子に変化がみられる。たとえば、ひなたちゃんのように、まったくしゃべらなくなる、移動が困難になるといった症状を示したときには、周囲の大人はかなりとまどってしまう。とまどった挙句に、負担をかけるとかわいそうだから、と腫れ物に触るようにして、放っておいたり、何もやらなくていいことにしてしまうことはよくある。これは、善意の表われのようにみえる特別扱いだが、実は本人の存在を無視し、やらなくていい子、できない子、というイメージを、本人だけではなく、ほかの子どもたちに植え付けてしまう。

橋本先生は、これまで暗黙の了解として、ひなたちゃんはやらなくていいことになっていたことについて、クラス全員の前でどうするのか決めさせた。その際に、ひなたちゃんが自分からどうするのかを選ぶことを大切にした。何を選んだかではなく、選んだことそのものを賞賛していった。そうすることで、ほかの子どもたちは、ひなたちゃんが何もしなくてもいい子ではなく、自分の意思で選んでいる子であると認識を改めていった。

一方で、ひなたちゃんは「高学年だからね」という橋本先生の言葉に後押しされて、先生からの提案を受け入れたり、「一人でできる」を選んだりすることが多くなったことから、実際には自分なりのプライドが保たれていることがわかる。表明した意思の内容ではなく、「表明した＝選択した」ことそのものを賞賛してもらえたことは、ひなたちゃんが閉ざしていた心を少しずつ開いていくのに有効だったと推測される。

ほめ方Point

■選んだ結果ではなく、意思を示したことをほめる。

ケース15 目標が高すぎるさやかちゃん

Case Summary
ケース概要

小学校6年生のさやかちゃんは、小さいときから、何事も「自分がやる」といって進んで手を挙げる積極的な女の子である。クラスのお楽しみ会では司会者に、学習発表会では主役級の配役に立候補してきた。小さいころは、こうしたいわゆる目立つ役割に立候補する子はたくさんいたため、さやかちゃんが希望する役割を果たす機会は、そう多くはなかった。自分が立候補した役割がほかの子に決まってしまうと、かなり気落ちし、泣き出したり、次の授業に取り組めなくなるようなこともあった。

さやかちゃんは、あまり運動は得意ではないが、漫画が大好きで、読むのはもちろん、自分でも短いストーリーのあるものを描いていた。教科学習でいうと、国語はそこそこできたが、算数や理科はそれほど得意ではなかった。

両親は共働きで忙しく、なかなか保護者会などには出席しなかったが、休日に行なわれる行事には、都合をつけて見に来てくれることが多かった。４つ上の高校に通うお姉ちゃんは、勉強がとてもよくでき、友だちも小さいころからたくさんいた。また、児童会や生徒会の役員なども任されてきた。

Current issues

課題となる状況

さやかちゃんのクラスは、５年生からの持ちあがりのクラスである。担任は、30代前半の女性、吉田先生であった。吉田先生は、さやかちゃんが５年生のときに、ほかの学校から転任してきた先生だった。５年生の最初に決めた委員会では、さやかちゃんは児童会委員に立候補した。ほかに立候補者がいなかったため、全員が了承する形で、さやかちゃんは念願の児童会委員に選出された。立候補したさやかちゃんに、吉田先生は「自分から立候補して立派だね」とほめたが、後ろの席の女の子が数人、顔を見合わせてくすくすと笑う姿が気になった。しかし、そのときは笑った子たちにその理由を尋ねることはしなかった。

児童会が始まると、さやかちゃんは少しずつミスをしはじめた。クラスのなかで次回の児童会までに決めなければいけないことを、先生に伝え忘れたり、児童会の仕事のひとつである朝あいさつで正門に立つ日を間違えたりした。それでも、吉田先生のフォローで、さやかちゃんがみんなの前で恥をかくようなことにはならなかった。このあともさやかちゃんは、社会科見学や学習発表会の実行委員のクラス代表として立候補し、ほかの候補者がいないことから、みんなに了承された。しかし、児童会のときのように、いずれも少なくないミスをし、クラスの話し合いをうまくまとめることができなかったりした。

6年生になると、最終学年として行事を引っ張る役割がさらに多く回ってきた。さやかちゃんは、次々とまとめ役や代表となる役割に立候補した。しかし、5年生のときのさやかちゃんの様子から、クラスのほかの子どもたちが必ずしもその立候補をよしとはせず、そのつど、対抗馬を立てるようになった。そして、たいていは、さやかちゃんではなく、対抗馬として立候補した子がその役割を担った。さすがに、泣き出すようなことはなかったが、悔しそうに唇をかみしめる表情をしていた。

移動教室でも、さやかちゃんは実行委員にはなれず、クラスでつくった班の班長をしていた。班ごとに、最終日に行なう出し物を決めなければいけなかったが、さやかちゃんはうまくまとめられずに、ほかの班がすでに練習を始めているのを横目で見ながら、盛り上がらない話し合いを続けていた。そして、何をするのか決まらず、移動教室のしおりに班の出し物の紹介をすることができないまま、締め切り日になってしまった。ところが、その日、さやかちゃんは発熱し、学校を休んだ。仕方なく、班のほかの子どもたちはさやかちゃん抜きで、出し物を決めてしまった。休み明け、そのことを知ったさやかちゃんは、大声で泣き、「どうせ、私はみんなから認められていないから」「私なんか死んだほうがいい」「みんなも私はいないほうがいいと思っているんでしょ」とみんなの前で叫んだ。それを聞いた班の一人が、「そんなの仕方ないじゃん、これまで決まらなかったんだし。班長なのに、さやかちゃんはまとめられなかったじゃん」とつぶやいた。

問題解決

吉田先生は、それまでさやかちゃんや、ほかの子どもたちの自主性に任せて、たくさんの代表やまとめ役を決め、たとえ失敗をしてもそれはそれでよいと思ってきた。しかし、そうしたやり方が、少なからずさやかちゃんを傷つけ、周りの子どもたちのさやかちゃんに対する評価を下げていたことに気がついた。かといって、さやかちゃんの失敗をつねに予想しながら、フォローに回るのは、行動範囲が広くなっている6年生の子どもに対してかなり困難を極めるだろう。むやみに、失敗が予想できる役割を振るのではなく、さやかちゃんの得意なことを活かしながら、確実にできることを提供していかなければ、いったん下がってしまったさやかちゃんに対する周囲の評価を復活させることは難しいと考えた。

また、多くの子どもたちの意見をまとめ、リーダーシップをとっていくような役割を果たすことは、それほど得意でもなく、無理にがんばっているということに、さやかちゃん自身が気がついてほしいとも思った。そこで、さやかちゃんが、自分の得意なことと苦手なことを知って、得意なことを活かすような機会を探すこととした。

ちょうど、移動教室のしおりをクラスごとに作成することになっていたが、どんな形でだれがつくっていくのかはまだ決まらずにいた。吉田先生は、この機会を利用しようと考えた。吉田先生は、「全体の構成を考える」「文章をパソコンで打つ」「イラストを入れる」「印刷や製本をする」といった、しおりを作るときに必要な仕事を黒板に書きだした。さやかちゃんも含めて、7名の子どもが「やりたい」と手を挙げた。

結果

放課後も係の子どもたちが残って、しおりを作成する日が続いた。吉田先生は、子どもたちが残って作業している教室に顔を出して「がんばっているね、お疲れさま」と声をかけた。様子をみていると、一人がパソコンで文章を打ち込んだあとのスペースなどに、別の子が関連したイラストを描いていくという分業体制ができあがっていた。さやかちゃんは、得意なイラストを描くことに没頭していた。吉田先生は、だれがどんな仕事をしているのか聞きながら、一人ひとりに「そうか、○○くんはパソコンで文章を打つのが早いんだね」とか、「○○ちゃんの構成は、なかなかわかりやすいね」といった具合にほめていった。さやかちゃんに対しては、「さやかちゃんのイラストは、すてきだね。マンガも描いているんだってね」と声をかけた。

できあがったしおりを見て、しおりの係に入らなかった子どもたちも、吉田先生と同じような反応を示した。「さやかちゃんって、イラスト上手なんだね」「わー、このイラスト、すてき」と口々に言われ、さやかちゃんはまんざらでもない表情をしていた。

まとめ

就学前から小学校の低学年くらいの子どもたちは、自分のできることとできないこと、得意なことと苦手なことの区別がそれほど明確にできるわけではない。この時期の「自分は何でもできる」という万能感は、決して悪いものではなく、さまざまなことに挑戦する気持ちを生み出す。万能感がなければ、最初から尻込みしてしまう消極的な子どもになってしまうだろう。そして、挑戦していくなかで、成功だけではなく失敗をしながら、思春期に入る子どもたちは、苦手なこともあるし、できないこともある自分を徐々に受け入れていく。しかし、この自分を間違えてとらえてしまったり、あるいはわかっているけれど、自分の力以上のことに挑戦しつづけなければいけないと考えているとしたら、それは非常に苦しいことだろう。

さやかちゃんの場合は、よくできるお姉ちゃんがいて、両親ともに忙しいために、自分の実力以上にアピールをしなければ、なかなか認めてもらえなかったのかもしれない。多くの子が目立つことや、ちょっと手間のかかることを嫌う小学校の高学年になって、ようやく、ずっとやりたかった目立つ役割を果たす機会を得て、さらに、担任の吉田先生からも立候補をほめられていた。間違った万能感に対して、ここで拍車をかけてしまったといえる。しかし、度重なるミスから自分のできないことを知り、ほかの子どもたちの言葉や視線に、さやかちゃんは深く傷ついてしまった。

ここで、吉田先生のとった行動は、本来の自分の得意なところやできるところを、もう一度さやかちゃんに再認識してもらい、それを正当に評価してもらうことをねらいとしたものだった。子どもの得意なことや苦手なことを知るためには、つねにアンテナを張っている必要がある。吉田先生が、さやかちゃんの得意なことを活かす機会をうまく設定できたため、ほかの子どもたちからも新しいさやかちゃんの一面が評価されたのだろう。

この後、友だちからだけではなく、ご両親にもさやかちゃんの素晴らしい能力をほめてもらいたいと吉田先生は考えている。そうすることで、さやかちゃん自身が、クラスの代表やまとめ役を無理やり引き受けようとすることは減っていくだろう。

ほめ方Point

■子どもの特性を理解しつつ、子どもの得意なところを活かすほめ方を工夫する。

失敗編

ケース16

つねにいい子でなければいけなかったあすかちゃん

Case Summary
ケース概要

中学2年生のあすかちゃんは、小さいときから勉強がとてもよくできる、しっかりした女の子である。3つ下の弟には、知的障害と肢体不自由の重複障害があった。両親は、弟の通院や療育、学校への送り迎えなど、弟の養育に時間と労力もとられてきた。あすかちゃんは、両親をよく手伝い、弟ともよく遊んだ。両親から、「あすかは、お姉ちゃんなんだから、自分のことは自分でできるね」と言われつづけた。そして、あすかちゃんが自分のことだけではなく、両親の手伝いをしたり弟の面倒を見るたびに、両親は「あすかは、エライね」「さすがだね」とほめてきた。弟と学校の行事が重なると、母親は弟の行事に参加した。母親からは「ごめんね」と謝られるが、中学生になってからは、あすかちゃんのほうから「弟のほうに行ってね」と言うようになった。

あすかちゃんには友だちが多く、あすかちゃんの周りにはいつも何人かの女の子が集まっていた。そんなあすかちゃんに対して、担任の小林先生も信頼を寄せ、つい「これ頼むな」とあすかちゃんに用事を頼むことが多かった。

課題となる状況

Current issues

中学2年生の1学期の期末テストが終了して、テストが返ってきた。これまで、あすかちゃんは、どの教科も8割以上の点数をとってきた。いくら悪くても70点を下ることがなかった。ところが今回は、理科が64点、保健体育が58点だった。ほかの教科は、特別悪いわけではなかったが、その2枚のテストが返されると、テストを返した先生がすぐにわかるほど、あすかちゃんの顔色が変わった。そのあとは、ずっとうつむいたまま、テスト直しの授業を受けた。

その日の給食の時間、「気持ちが悪いので、保健室に行っていいですか」と、あすかちゃんは担任の小林先生に訴えた。その日の午後は、授業に戻ることなく、保健室で過ごしたまま帰宅した。小林先生には、そのことを両親には言わないでいてほしいと、あすかちゃんはお願いした。しかし、様子を心配した先生は、あすかちゃんが帰宅した時間を見計らって、家に電話をした。ちょうど、あすかちゃんは、母親に頼まれた買い物に出たばかりで、電話には母親が出た。事情を聞いた母親は、買い物から帰ったあすかちゃんに「大丈夫？　気持ちが悪いなら、休んでいいのよ」と声をかけた。それに対して、珍しくあすかちゃんは大きな声で、「大丈夫だって！」と言い切った。

翌朝、あすかちゃんは、時間になっても起きてこなかった。それでも休むことはなく、2時間遅れて登校した。しかし、その日を境に、徐々にあすかちゃんの遅刻は増えていった。朝から学校に行けた日も、途中から気分が悪くなって、保健室で寝ているような状態になった。表情が暗くなり、友だちに話しかけられても、すっとその場から離れるような様子もあった。

遅刻や保健室で過ごす時間が多くなったあすかちゃんに対して、小林先生をはじめとして、学年の先生方はテストのショックで、一時的なものだろうという見方をしていた。これまでの、しっかりしたよくできるあすかちゃんのイメージに引きずられ、表情が暗くなっているあすかちゃんに対して、発破をかける先生もいた。

問題解決

あすかちゃんの学校の養護教員は、20代後半の女性の中田先生である。生徒たちにとっては、年の離れたお姉さんのような存在であり、気さくに声をかけられる先生であった。中田先生も、全校生徒の名前をしっかり憶えていて、廊下で気軽に声をかけるなど、生徒たちとの距離は比較的近かった。

中田先生は、入学時の調査から、あすかちゃんの家庭環境についての情報を得ていた。その情報をもとに、毎週来ているスクールカウンセラーに、あすかちゃんの現在の様子について相談することにした。スクールカウンセラーからは、あすかちゃん自身が相談に来ることが大切だと言われ、中田先生がその橋渡しをすることになった。中田先生は、保健室にやってきたあすかちゃんに対して、「今のあなたのこと、もっと知りたいと思わない？」ともちかけた。あすかちゃんは、最初のうちは、「いいです。大丈夫です」と答えたが、中田先生はさらに「先生には、大丈夫なようにはみえないよ」と声をかけた。中田先生の真剣な様子に、あすかちゃんはスクールカウンセラーのところにいっしょに行ってみると約束した。

結果

スクールカウンセラーとの最初の面談では、あすかちゃんは非常に硬い表情をしたまま、質問に対して、はい／いいえで答える程度であった。しかし、次の約束はどうするのか聞くと、「話しに来たい」と即答した。

毎週1時間の面談を経ていくうちに、あすかちゃんの口から、「(テストで)大失敗をしてしまって、どうしていいのかわからない」といったことや、「親が私に失望してしまう」といったことが語られはじめた。また、本当は弟の面倒ばかりみる両親に対して不満があったことや、手伝いをしたくない日があった、ということがあすかちゃんの口から出たときには、スクールカウンセラーと中田先生は、あすかちゃんの年齢であればそれは当然の思いであり、罪悪感をもつことではないと繰り返し伝えた。そして、徐々に、あすかちゃんが、これまでやってみたかったのにできなかったことや、今でもやってみたいと思っていることを、一つずつ聞き出していった。

面談が10回を超えるころ、中田先生は、これまで思ってきたことを両親に伝えてみたらどうだろう、という提案をした。しかし、あすかちゃんはこれを拒否した。中田先生は、まだ両親の前で無理やりいい子になろうとしているのではないかと心配したが、あすかちゃんは「先生たちにお話を聞いてもらっているうちに、気持ちが楽になりました」と、ニコニコ笑顔を見せた。そして、「ずっとやりたいな、と思っていた英会話を習いたいって、お母さんにお願いしてみます」と宣言した。その3日後、あすかちゃんは、「お母さんに英会話を習いたいって言ったら、お母さんも習いたいって、いっしょに行くことにしたんです」と報告に来た。

Conclusion

まとめ

子どもをほめて伸ばすことは重要だが、子どもの本来の姿ではない行動をほめつづけてしまうと、子どもは、本当に自分がやりたいことや嫌なことを気持ちの奥に押し込んで、大人がほめてくれる行動をとる子になろうとすることがある。当然、その子の本来の姿と違うので、子どもは無理を続ける。そして無理を続けるうちに、本来の自分はほめられつづける自分であったのだろう、と錯覚してしまう。ほめることによって、大人は無意識に子どもをコントロールしているのであり、一方の子どもは、コントロールされている自覚がないままに、成長していく。子どものこの無理な状態が本来の子どもの姿とどのくらい乖離しているのかということにもよるが、その幅が大きければ大きいほど、いい子でありつづけた子が、ちょっとした挫折から、通常の生活すら継続できなくなっていく。そうすると、周囲は当惑するが、いい子だったころの子どもの姿に固執し、「一時的」なものとして、「少しエネルギーがたまるまで待とう」という判断をすることがよくある。そして、待つ時間が長くなればなるほど、手の施しようがなくなっていくことも少なくない。

あすかちゃんの育ってきた家庭環境では、あすかちゃんはいい子にならざるをえなかったのかもしれない。決して、両親ともにあすかちゃんに無理をさせているとは思っておらず、いい子に育ったあすかちゃんをとても大事にしているはずである。あすかちゃんも、そうした自分を嫌いではなかった。テストの点数がいつもより悪かったという、ちょっとした挫折をきっかけに、あすかちゃんがまず口にしたことは、「親が失望してしまう」ということであった。自分が情けなかったり悲しかったりするのではない。この発言は、知らないうちに親からコントロールされていることを表わしている。しかし、もともともっているあすかちゃんの健康的な精神状態は、カウンセラーと養護教員に導かれて回復し、本来の自分の思いを口に出すことができるようになった。

大人がほめていることが、大人にとってのみ都合のいい子どもの行動であるのか、その子の将来の成長にとって重要な行動であるのか、見極めていくことが非常に大切である。

ほめ方Point

■大人にとって都合のいい子どもの行動をほめると、子どもをコントロールし、子どもに無理をさせることになる。

ケース17 うまくいかなかったことをほめられたれんくん

Case Summary ケース概要

れんくんは、小学6年生の男の子で、3つ下の弟と両親の4人家族である。繊細で、物事を慎重に丁寧にこなすことが好きな一方、完璧主義で融通が利かないところもある。社会で、歴史の出来事や年代を覚えるのが得意だった。図工は大好きだったが、いったんはまってのめりこんでしまうと、なかなか切り替えができなかったり、自分の思い通りに作れないと、イライラしている様子がみられた。算数の計算問題は得意だったが、図形の問題や、ちょっとひねった応用問題は、最初からあきらめてしまうところがあった。

れんくんのクラスは、5年生からの持ちあがりだった。担任は、30代半ばの男性、吉澤先生だった。担任もクラスメイトも、れんくんのそうした硬さを理解してはいたものの、時々ぶつかってしまう子もいた。

Current issues

課題となる状況

6年生になって、図工は専科の徳田先生に代わった。徳田先生は、40代半ばの男性の先生だった。徳田先生は、れんくんの図工に対するこれまでの様子について、担任の吉澤先生から聞いていた。徳田先生は、せっかく好きならと、れんくんの図工の力を伸ばしてあげようと考えていた。徳田先生は、6年生の図工では、最初に木版画を教材として扱おうと考えていた。授業では、下絵を描いて、カーボン紙を使いながら版画板に写し、彫刻刀を使って彫っていく。そして、最後に墨をつけて印刷するという一連の流れを説明して、子どもたちは、最初の作業に取りかかった。1時間では仕上がらないため、1カ月くらいかけて、最後の印刷を行なう予定であった。下絵を版画板に写すまでは、れんくんはスムーズに作業を行なっていて、なかなかこった海の絵を描いていた。徳田先生は、アドバイスをしたり、何を描いているのか質問したりしながら、子どもたちの様子を丁寧にみていた。れんくんに対しても、徳田先生は「おっ、なかなかこっているなあ。これは楽しみだぞ」と声をかけた。徳田先生の声かけに対して、れんくんは笑顔を浮かべていた。

彫刻刀は、5年生のときにも少し使っていたので、どの子も詳しい説明がなくても使うことができた。れんくんは、数種類の彫刻刀を使い分けながら、最初のうちは、かなり集中して取り組んでいた。しかし、彫刻刀を使いはじめて3回目の授業から、なかなか彫刻刀を握ろうとせず、険しい表情で版画板を眺めているような時間が長くなっていった。徳田先生は、そんなれんくんの様子をみて、れんくんの後ろから、版画板を眺めた。そして、「うーん、なかなか仕上がってきたね」と声をかけた。れんくんは、無言だった。さらに徳田先生は、「細かいところまで、丁寧に仕上げていて、なかなかいいぞ」と声をかけた。そうすると、れんくんは「何、言っているんだよ。ここのところが、ダメじゃないか！」と大きな声を出した。よく見ると細かい線で波が彫られているところに、1本、ほかよりも太い線ができていた。徳田先生は、「なんだ、これはこれで味があってなかなかいいぞ」とさらにほめた。その言葉に対して、れんくんは無言で立ち上がり、徳田先生に向かって「もう、やらない！」と強い口調で言った。そして、机につっぷしてしまった。

問題解決

徳田先生は、授業が終わったあとの休み時間に、れんくんの担任の吉澤先生に、図工の授業でのれんくんの様子を話した。結局、れんくんのあまりにも強い口調に対して、徳田先生はそれ以上声をかけることをやめて、放っておくしかなかった。しかし、この後2時間くらいかけて、仕上げに入っていくときに、何もしないと作品が仕上がらないことや、実際にれんくんの作品がかなりレベルの高いものであり、このままではとてももったいないと感じていることなどを吉澤先生に話した。吉澤先生は、れんくんの求めるレベルが高く、許容範囲が狭いことを、改めて徳田先生と確認した。まるで、0か100、あるいは黒か白しかないようなれんくんが、「その中間でもいいや」と言うことができると生活が楽になるだろう、と2人で話した。今回の図工の出来事を、れんくんにそうした自身の特徴をとらえ、少しだけ許容範囲を広げる機会にするために、吉澤先生がれんくんと話をしてみることとした。

結果

放課後、吉澤先生はれんくんを呼び止めて、教室で2人で話した。吉澤先生は、れんくんの図工の作品を徳田先生から借りてきて、机の上に置いた。れんくんはそれを見て、「見たくないからしまってよ」と言った。吉澤先生が「どうして?」と聞くと、れんくんは「こんなの……」と小さな声でつぶやいた。吉澤先生が、「どこが、うまくいかなかったの?」と聞くと、「この線がどうしても気に入らないんだよ」と、れんくんは答えた。そして、「うまくいかないのに、徳田先生は『なかなかいいぞ』とか言うんだ。何を見ているんだか」と怒った調子で続けた。吉澤先生は、この作品を完成させるのかどうか、聞いてみた。れんくんは、「もうやりたくない」と思っているが、「作らないわけにはいかない」とも答えた。そこで、吉澤先生は、「このうまくいかない線をなんとかフォローする手を考えてみよう」とれんくんに提案し、そのあと、2人でアイディアを出しながら、れんくんの妥協点を探した。

次の図工の時間、れんくんは、うまくいかなかったと思っていた太い線を波のなかに増やすことにした。細い線と太い線がちょうどいい具合に混じり合っていった。そこに徳田先生がやってきて、「うまくいかなかったと思っていたところを活かしたんだね。なかなかのアイディアだ」と声をかけた。

数日後、れんくんは、刷り上がった版画を、吉澤先生にうれしそうに見せに行った。

まとめ

子どもたちは、年齢に応じて、自分の行動に対する自分なりの達成基準をもっている。自分の実際の能力とかけ離れて低い基準をもっている子どもたちは、「やればできるのに」と言われる。反対に、高すぎる基準をもっている子どもたちは、完璧主義で、自分を追い込んでしまう。この基準を子どもがどこに置くのかは、その子のそれまでの経験や周りの評価が深く関係する。低すぎる基準をもっている子は、何かうまくいかなったこと、明らかに失敗したことに対して、周囲が過剰に気を遣い、「がんばったんだからいいんだよ」「それでいいんだよ」と評価してきたのかもしれない。高すぎる基準をもっている子は、周囲の要求水準も高く、ちょっとした結果では、ほめられてこなかったのかもしれない。

れんくんの場合、苦手なことに対しては、自分に対して低すぎる基準を設定し、得意なことに対しては、その反対に高すぎる基準を設定している。その中間がないことが、学校生活での生きにくさにつながっているのかもしれない。れんくんが自分の高すぎる基準に照らして、自身では失敗したと思っているところで、徳田先生は「それでいい」とほめてしまった。徳田先生自身は、自分の思った通りの感想をれんくんに伝えただけで、無理をしてほめたわけではない。ところが、れんくんの思いとは真向から対立したため、れんくんはわかってもらえていないと感じ、投げ出したのだろう。

担任の吉澤先生は、れんくんが失敗だと感じているところについては、何の評価もくだしていない。そして、うまくいかなったことをどうしたらいいのか、という解決策をいっしょに探した。これは、完璧主義のれんくんが途中で投げ出すことができない、という特徴を逆に利用したものであった。「作らないわけにはいかない」ということを、れんくん自身に言わせているところも重要だ。その前提に基づいて、折り合いをつけたれんくんは、いったん投げ出した作品に再挑戦することができた。当然、吉澤先生が1年間担任としてれんくんとかかわってきて信頼関係が成立していたことや、れんくんがうまくいかなかった場にいなかった第三者であったということも、この話し合いの成功に影響している。その後、0と100の間の妥協点に挑戦したれんくんをそのままほめた、徳田先生との良いコンビネーションには、職員室でのちょっとした情報交換と、子どもの指導方針の確認が役立っている。

ほめ方Point

■子ども自身の達成基準をよく把握し、高い基準をもつ子どもには妥協点を探らせ、それをほめるようにする。

ケース18 ほめる先生を避けるようになったたけるくん

Case Summary ケース概要

たけるくんは、アスペルガー症候群の診断を受けている小学5年生である。5年生になったばかりのころ、病院で受けたWISC-Ⅳの検査では、IQが128と非常に高い結果が出た。一方で、知覚推理の評価点は80、処理速度は78と、能力のアンバランスさが顕著であった。知識が豊富で、抽象的な事柄についても、言語で正確に説明でき、物事の概念や数的な処理については、突出した能力があった。作業的な課題は、正確であるが慎重に行なうために、時間がかかった。体の使い方が不器用であり、体を動かすことは得意ではなかった。物事の因果関係を理屈で説明することができても、その場になると何が起こっているのかよくわからない、といったことがよくあった。

小学1年生のときは、就学時から通級による指導を受けていたが、在籍級においてトラブルがほとんどなかったために、1年生の終わりに卒級していた。それ以降、専門機関での定期的な指導は受けていなかった。ただ、自分勝手な勘違いで、周囲とずれた行動を取ったときや、不器用さからくる失敗などから半分パニックになるようなことが、学期に1、2度起こった。たけるくんが教室でパニックを起こしたあとは、母親のみが病院に相談に行っていた。たけるくんが5年生に進級したとき、50歳前半の女性の山辺先生に担任が代わった。山辺先生は、これまでに、発達に障害のある子を担任したこともある経験豊富な先生だった。

課題となる状況

山辺先生は、言葉が柔らかく、子どもたちをとてもよくほめた。チャイムが鳴ったときに、子どもたちが着席していれば「お利口です」とほめ、たくさんの子どもたちが先生の質問に対して挙手をして答えようとすると、「いい子たちですね」と声をかける、といった具合であった。子どもたちに問題を出して、個々に解いている間は机間巡視を行ないながら、解けた子の頭をなで、「えらいね」とほめた。図工で子どもたちが作った作品も「上手ですね」とみんなに見せたりした。1時間の間に、「お利口です」「いい子です」といったほめ言葉を、何回も繰り返すこともあった。

た。山辺先生は子どもたちをほめるとき、声のトーンが少し上がり、高い声になった。たいてい授業の間も休み時間もにこやかな顔をしていて、その表情が変わることはあまりなかった。

5年生になってしばらくすると、こうした山辺先生のほめ言葉に、たけるくんが過剰な反応を示しだした。最初のうちは、小声で山辺先生のほめ言葉を「お利口です、お利口です」とマネしてつぶやいていた。それから1週間後、山辺先生の声のトーンが上がると、たけるくんは目をつむって耳をふさぐようになっていった。これまでたけるくんと同じクラスになったことのある仲の良い2、3人の子どもたちが、そんなたけるくんの様子を目にして、休み時間に「大丈夫か？」と声をかけた。そして、「山辺先生にほめられると何となくバカにされているように感じるよな」とか、「1年生じゃないんだからって感じ」と、子どもたちは話した。

友だちとこんな会話をした次の時間、クラスのみんなが本読みをした後に、山辺先生が「お利口ですね」と言った途端、たけるくんは「ほめるのをやめてくださーい。黙ってくださーい」と大声で叫んだ。驚いた山辺先生がたけるくんに近づいて、背中に手を置くと、「やめてくださーい」と再び叫び、立ち上がって教室から飛び出してしまった。

帰りの会が終わって、みんなが「さようなら」のあいさつをして教室を出るとき、山辺先生はたけるくんに近づき、「今日、教室から飛び出したのがなぜか教えてほしいから、ちょっと残って、先生と話しましょう」と声をかけると、たけるくんは、「話したくありません」と言って、逃げるように走って帰ってしまった。

Resolution 問題解決

これまで山辺先生は、子どもたちはほめて伸ばしていきたい、というポリシーをもって、子どもたちにたくさんのほめ言葉をかけてきた。にもかかわらず、たけるくんに「ほめるのをやめてくださーい」と拒否されたことに、少なからずショックを受けた。何が悪かったのか、わからなかった。そこで、たけるくんの家に電話をして、お母さんと話をすることにした。

お母さんに、今日のたけるくんとのやりとりの状況を話したところ、お母さんからは「ここのところ、家に帰ってきてもなんとなく表情が硬くて、新学期でいろいろが変わったからかな、と思っていたところでした」と言われた。お母さんの話では、家でも、小さいころからたけるくんのことを注意したり、叱ったりすると、本人が必要以上に失敗したと感じてパニックになってしまうので、あまり注意や叱責をせずに、できたことをほめて育ててきたこと、ほめられることは本人も嫌いでも理解できないわけでもなく、むしろこれまではうれしそうな表情を見せていたことなどがわかった。また、もともと誰かに体を触られることは好きではない、ということもわかった。山辺先生は、たけるくんの背中に手を置いたことが、飛び出してしまった理由だとわかったものの、なぜ「ほめるのをやめてくださーい」と言うのかわからなかった。そのことをお母さんに伝えると、「女性の高い声はそれほど得意ではないのですが……」と言いながら、お母さんは、先生がどんなふうに何をほめたのか教えてほしいと言われた。山辺先生は、普段から「お利口さん」「いい子です」「上手ですね」という言葉をよく使ってほめていると話した。それを聞いたお母さんから、「ひょっとすると、5年生という高学年になったので、先生のほめ方を小さい子にほめるように感じたのかもしれません。失礼なことで申し訳ありません。〝お利口さんは、小さい子に使います〟といった自分なりの理屈で生きている子なので。あとは、何がほめられているのかわからないと、不安になるのかもしれません」と説明してもらった。

山辺先生は、たけるくんの状況がわかったので、翌日からほめ方を変えようと決めた。そして、さりげなくて、高学年の子どもたちがうれしくなるようなほめ方を考えた。

結果

翌日から、山辺先生は口癖のようになっていた「お利口さん」や「いい子です」を封印することに苦労した。同僚の先生にも、いくつかのアドバイスをもらった。「スキンシップより、グーサインやハイタッチなんかも子どもたちは喜びますよ」と言った男性の先生もいた。そこでまずは、ほめたい内容を言ってから、ほめることを心がけた。図工で描いた絵について「この空の色遣いが、とてもきれいですね」と言ったり、算数の正解を出した子どもたちに「正解」と言って〇印をつけ、グーサインを出したりした。これまであまりしたことのないハイタッチはさすがに、ぎこちなくなりそうだったので使わなかったが、子どもたちの何をほめたいのか、具体的にその内容を言っているうちに、抽象的なほめ言葉はわざとらしいと感じるようになっていった。また、チャイムを合図に座っていたり、わかったときに挙手して答えようとすることは、5年生という年齢ではできて当たり前ではないかとも感じて、ほめることをやめた。その代わり、子どもたちが「できた」「やったー」という顔をしたときに、すかさず「できたんだね」と言葉を返してあげるようにした。

山辺先生がほめ方を変えた当初は、かなりぎこちないところもあった。子どもたちも「なんで先生、グーサイン?」と言ったりした。それでも年齢に合った事柄を、年齢に合った言葉やジェスチャーでほめていくうちに、「先生、見てー」と自分のノートをもって来る子が増えてきた。たけるくんも、先生の言葉を繰り返したり、目をつむったりすることがなくなっていった。

まとめ

子どもたちは、自分のどんなところをどんなふうに大人が認めてくれるのかに敏感である。内容だけではなく、その方法も重要だ。ほめることが苦手な大人は、つい、一般的なほめ言葉を並べてしまう。しかし、そうしたほめ言葉は抽象的であり、子どもたちは、何をほめられているのかわからない。そうすると、年齢が上がってきた子どもたちは、「ただ、ほめているふりをしているだけだ」と、ちょっとひねくれたとらえ方をすることもある。そして、年齢が上がってくると、大人にどう扱われるのか、ということに対しても敏感になるため、小さい子に使うほめ言葉やスキンシップを使う大人は、ほめている「ふり」をしているように感じる。

山辺先生は、決してほめているふりをしていたわけではない。むしろ、子どもたちをほめる機会は、的確にとらえている。しかし、年齢にそぐわない言葉でほめているため、子どもたちは馬鹿にされているように感じたのだろう。さらに、〇〇は××でなければならない、といった思考の硬さがみられるたけるくんの場合は、ほめ方が適切ではないと違和感を覚えたのだろう。声のトーンやいっしょに行なわれるスキンシップには、特有の感覚過敏から嫌悪感を覚えたのかもしれない。

ただし、一見するとほめているのかどうかわからない、淡々とした言い方やさりげないジェスチャーのほうが、タイミングさえ逃さなければ、年齢の上がってきた子どもたちには適切なほめ方となる場合も多いので、子どもの反応をしっかりと把握するようにしたい。

ほめ方Point

■年齢に配慮したほめ方を工夫する。
■言語賞賛だけではない、ジェスチャーをまじえたほめ方を用いる。

ケース19 ほめられたことを友だちから妬まれたきよみさん

Case Summary ケース概要

中学1年生のきよみさんは、しっかりしたよく気がつく女の子である。3人兄弟の1番上で、下の妹と弟の面倒をよくみるお姉さんだった。両親が共働きで、夜遅く帰ってくるため、たいてい夕食の下ごしらえは、きよみさんがやることになっていた。部活には入っていなかった。学校が終わると、たいてい一人で下校し、家に帰ってから買い物に行くといった生活をしていた。

きよみさんの担任は、30代前半の男性の小熊先生だった。社会科（地理）の先生で、剣道部の顧問をしている。さばさばした、いかにも体育会系の先生だった。きよみさんのクラスは、どちらかというと、女子がリーダーシップをとっていく雰囲気が強かった。

課題となる状況

夏休み中に、保護者と本人と担任の3者面談が行なわれた。きよみさんのお母さんも仕事の休みをとって、面談に来てくれた。先生から家庭での生活について聞かれたときに、お母さんから、きよみさんが家事をとてもよくやってくれていることや、弟と妹の面倒をよくみてくれることが話された。きよみさんは、「そんなこと言わないで」と言ってお母さんをとめたものの、小熊先生は「それは立派ですね」と、いたく感動した様子であった。

小熊先生には、きよみさんのお母さんの言葉が残っていたのか、夏休み明けから、授業以外の活動において、きよみさんが気を回してよく動いていることに気がついた。たとえば、体育の後には、窓を開けて空気を入れ替えたり、黒板をたくさん使った授業の後は、黒板消しをきれいにしたり、教室に落ちているごみをさりげなく拾っているような姿だった。そんなとき、小熊先生は周りに他の子どもたちがいようといまいと、大きな声で「きよみは、本当によく気がつくな」とか、「いつも助かるよ」といったような言葉をかけていた。きよみさんは、それに対してそっけなく、その場を離れていた。

そんなとき、小学校から子どもたちが中学訪問に来るので、校内の案内をしたり、中学校について説明をしたり、交流活動を行なう小中連携行事があった。すっかり中学生の顔をしている生徒たちからは、「えー、めんどくせー」とか、「なんで、そんなことするの？」といったような文句が多く出た。そこで小熊先生は、「自分たちも小学生のときに面倒を見てもらっただろう」と言ったが、「あんまり役に立ってねーし」とか、「何すればいいの？」といったように、子どもたちはあまり乗り気ではなく、なんとなくやる気のない雰囲気が漂った。小熊先生は、「みんなは、その日1日だけ、小学生の面倒をみればいいけど、きよみは、毎日毎日、弟たちの面倒を親御さんの代わりにみているんだぞ。夕食をつくったり宿題をみてやったり。そんなことを考えたら、1日くらい、どうってことないだろ」と話した。一瞬、クラスの子どもたちの目がきよみさんに集中した。好意的で「すごいね」という視線ばかりではなく、「へー」という白けた視線もあった。その場は、なんとか交流活動や案内の手順を決めて、学級会が終わった。

休み時間に小熊先生が教室から出ていくと、女の子の何人かが、きよみさんの周りに集まって、「きよみって、えらいんだね」とか、「そういえば小熊先生は、いつもきよみはよく気がつくな、とか言っているもんね」と口々にほめた。だが、決して、本心から感心している言い方ではなかった。きよみさんは、「そんなことないよ」とうつむき、その場から逃げだしたい思いだった。その後、先生がきよみさんに声をかけるたび、数人の女の子が「きよみは、先生のお気に入りだから」と言いに来た。

Resolution 問題解決

きよみさんの変化に気がついたのは、お母さんだった。なんとなく浮かない顔をしているきよみさんに対して、兄弟が寝てしまった後に、「元気がないようだけど」と話しかけた。「大丈夫」と言って、そっけなく自分の部屋に行こうとするきよみさんに、「心配しているんだよ」と声をかけると、きよみさんは学校であったことを一気に話しはじめた。黙って聞いていたお母さんは、「お母さんが、面談で先生に家のことを話してしまったからだね」と、きよみさんに謝った。「決まった人たちに嫌味を言われたり、変な目で見られるだけで、別に何かされるわけじゃないから、大丈夫だよ」と答えたきよみさんに対して、お母さんは、「先生にそっと言いに行くといいかもしれないね」とアドバイスをした。

きよみさんは、ほかの生徒がいないときをねらって、小熊先生に、みんなの前でほめないでほしいと伝えに行った。理由も含めて話をすることによって、小熊先生はよくわかってくれた様子だった。翌日から、小熊先生は、きよみさんに嫌味を言いに来ていた女の子たちをはじめとして、とにかくすべての生徒たちをほめはじめた。小熊先生は、大きな声で、「○○は、今日も大きな声であいさつができて気持ちがいいね」「●●は、提出物を忘れたことがないな」などと気軽に声をかけていった。

Consequence

結果

小熊先生のちょっとした変化に、生徒たちはとまどい、苦笑いをしながら「なに言っているんだよ」と言ったりしていた。しかし、来る日も来る日も、とにかく生徒たちをほめまくる小熊先生に対して、何人かの男の子たちは、「いやー、照れるなー」とか、「そうでしょ、そうでしょ」とおちゃらけて返していった。女の子のなかにも、「先生、ほら、これできたんだよ」と言いながら、自分の宿題を見せに来たりする子も出てきた。

きよみさんに嫌味を言っていた女の子たちは、自分たちが小熊先生にほめられても、最初のうちは何の反応もしなかった。無視をしたまま、その場から去っていくことが多かった。「うざい」と小声で言いながら、顔をしかめる子もいた。しかし、何週間も小熊先生のほめ攻撃は続き、クラスの他の生徒の態度が変わっていくうちに、そうした女の子たちも、小熊先生に声をかけられると、少しずつ苦笑いするようになっていった。1カ月が過ぎるころには、きよみさんが小熊先生にほめられたときに、嫌味を言いに来る女の子たちはいなくなった。

Conclusion

まとめ

子どもたちの素敵な行動をみつけると、大いにほめてあげたくなる。しかし、集団のなかで特定の子どもをほめるときには、かなり慎重になる必要がある。

年齢が低くても、高くても、信頼する大人にほめてもらいたいという気持ちをもっている子は少なくない。年齢が低い場合は、誰かがほめられると自分も見習おう、と思う子もいる。あるいは、誰かがほめられたことを自分に置き換えて考えたりすることは難しくて、自分とは無関係だと思う子もいる。自分もほめてほしくて、がんばる子もいる。しかし、年齢が高くなってくると、信頼できる人にほめてもらいたい、という気持ちをそのままストレートに出してくる子は、そうそういない。ほめられている人を見ると、なんとなく妬ましい気持ちになる子もいる。ほめられている人も、ほめている人も、「うざい」と感じる子もいる。誰かがほめられていても、関心をもたない子もいる。

年齢が低かろうが、高かろうが、特定の子を先生が何度も繰り返しほめつづけると、それは、「ひいき」されているように子どもたちの目には映る。また、きよみさんのように、やる気がない子たちの引き合いに出されたりすると、ほかの子は面白くない。そうなってくると、ほめられた子に対して、嫌味を言ったり、足を引っ張ろうとする子も出てくる。

きよみさんの話を聞いた小熊先生は、それでも、きよみさんをほめることをやめなかった。また嫌味を言ってくる子たちに注意をすることもなかった。相手の子を注意したりすると、きよみさんが小熊先生に告げ口したのだと、今以上に嫌味を言われたり、いじめにつながったりする可能性もある。小熊先生は、意識してクラスの子どもたち全員を、とにかくほめはじめた。小熊先生がそれまでに、生徒たちと信頼関係を築いていたからできたことでもある。子どもたちの「自分もみてほしい」「認めてほしい」という隠された気持ちに対応したものであったともいえる。当然、自分たちもほめられているので、きよみさんに嫌味を言っていた女の子たちは、きよみさんに対して「あなたは、ほめられていいわね」という態度をとれなくなる。小熊先生は、悪気があってきよみさんをほめたわけではない。そのために、自分がほめたことがきよみさんとクラスメイトとの関係を悪化させているということに気づけなかった。きよみさんのお母さんがきよみさんの変化に気づかずにいたら、きよみさんはクラスにいずらくなかったかもしれない。子どもを取り巻く多くの大人が、子どもの小さな変化を見逃さないことが大切である。

ほめ方Point

■ほかの子どもがいる前で特定の個人をほめる場合は、その子だけ特別扱いしないように配慮する。

ケース20

友だちがほめられるのが気になるしゅうじくん

Case Summary
ケース概要

小学校1年生のしゅうじくんは、少し気の小さいところのある男の子である。5つ上のお兄ちゃんと、3つ上のお姉ちゃんがいる末っ子である。家ではとてもかわいがられていて、お兄ちゃんとお姉ちゃんがしゅうじくんの面倒をよくみていた。お母さんもお父さんも、末っ子のしゅうじくんをとてもかわいがっていた。

しゅうじくんの担任は、30代半ばの女性、八神先生だった。小学校に入学してきた子どもたちに、「学校に通うことが楽しい」と思ってもらいたいと、これまで経験した1年生の担任では、学級経営に力を入れてきた。八神先生は、学校生活のルールも1年生の最初に身につけることで、このあとの学校生活に違いが出てくると思い、大切なルールを何度も繰り返し子どもたちに伝えていた。子どもたちができるようになるまで待ち、時にはやり直しをさせ、できたときには、「○○くん、はっきりと返事ができました。えらいですね」とほめることが多かった。

Current issues 課題となる状況

しゅうじくんは、入学直後から、学校生活のさまざまな場面でわからないことが多く、また解決もできないので、その場で固まり、泣きべそをかくことが多かった。たとえば、入学後1週間は、上級生といっしょに教室に行ったので、問題はなかったものの、2週目からは、玄関に入るものの、自分の上履きがどこにあるのかわからず、うろうろしているうちに、友だちも教室に行ってしまい、教室にたどりつけなかった。集団登校が終わったころ、家から来ると1番近い学校の門は、登校時に使ってはいけないことになっていることがわからずに、入ろうとして上級生に注意された。そうすると、びっくりしたのか、その場で立ちすくみ、しばらくしてから、どうにもならずに泣きながら家に帰ったことがあった。八神先生は、そんなしゅうじくんの様子を見て、登校時に正門で待っていて、教室にいっしょに行くようにした。そうすると、先生が待っていてくれるのをしゅうじくんも楽しみにして、「せんせーい、おはよう」と元気に登校するようになった。

ほかにも、教室移動で目的の教室にたどりつけなかったり、牛乳のふたが開けられなかったり、身の回りの片づけができなかったりと、生活のなかでしばしばつまずくところがあった。しかし、八神先生が根気よく教えていくなかで、少しずつ習得できていった。

1学期も終わりになるころには、入学当初、泣きべそをかいていたことが嘘のように、しゅうじくんは元気いっぱいの学校生活を送っていた。たくさん手をかけてくれた八神先生のことが大好きで、休み時間になると、「先生、遊ぼう」と、そばにくっついていた。

周りの子どもたちも、徐々に学校生活に慣れ、自分のことは自分でできるようになっていった。授業も、本格的に学習が開始されていた。ひらがな文字の学習では、まず空書をして、ノートに書いて、言葉つくりをして、と一定のルールで授業が進んだ。算数で、積み木を使った数の計算をするときにも、その使い方に一定のルールがあった。八神先生は、ルールに従って行動している子や、答えが最初に出せた子、正しく答えられた子に対して、「○○くんは、もう答えが出ています。早いですね」とか、「●●さんは、指先がピッと伸びていてきれいですね」といったように、クラス全体のなかでほめていった。時に、「早くできた人は、5分早く休み時間にしますよ」と言うこともあった。しゅうじくんは、八神先生がほかの子どもの名前を呼ぶたびに、呼ばれた子どものほうを振り返り、どうやっているのか気になって仕方がないようだった。そうして、振り返っているうちに、自分がやらなければいけないことが、ついつい遅くなってしまうことも多かった。

もともと、素早く行動できるわけではないしゅうじくんは、なかなかクラス全体のなかで八神先生にほめてもらえることがなかった。そして、ほめられたほかの子が気になって仕方がないために、さらに課題に取りかかるのが遅くなる、という一種の悪循環のような状態に陥っていた。5分長い休み時間をもらえることはなく、自分ができないうちに、ほかの子が休み時間に行ってしまい、涙することもあった。

Resolution 問題解決

授業のなかで、課題の取り組みに遅れがみられるしゅうじくんの様子に気がついた八神先生は、課題を呈示してから、しゅうじくんがどのように取り組んでいるのか、観察をすることにした。そのうち、何度もほかの子のほうを振り返って見ているしゅうじくんの姿から、八神先生は、ほめられている子が気になって仕方がないしゅうじくんの様子に気がついた。しかし、子どもたちのできていることをフィードバックしていきたい八神先生は、授業中にほかの子をほめることはやめられなかった。かといって、「気にしなくていいよ」とか、「自分のことをやりなさい」といったように、しゅうじくんに声をかけることも間違っているような気がした。そこで、休み時間に、職員室で、近くにいた先生にこのことを話してみることにした。

2、3人の先生が、八神先生の話を聞いてくれた。クラス全体で誰かの名前を呼んでほめてしまうと、ほかの子が比較されているように思うのかもしれない、できない場合にはできる子を見て何とかしようとしているのかもしれない、といったような意見がほかの先生から挙がった。1人の先生は、「全員ができそうな課題を出して、課題ができるまで待っていて、全員ができたところでほめるようにしているよ」と話してくれた。また、「机間巡視を多くして、一人ずつそばに行って頭をなでてあげたり、指で○印をつくって示してあげたり、その子だけに聞こえるような声でほめてあげたりしている」と話してくれた先生もいた。「しゅうじくんの席を、友だちがよく見える席にしてみるのもひとつだよ」と教えてくれる先生もいた。

結果

八神先生は、さっそく、前から2番目に座っていたしゅうじくんを、次の席替えで後ろの席にすることに決めた。そして、授業のなかで、全員ができる課題のときには、最初のできた子ではなく、全員ができるまで待つことにした。たとえば、ひらがなを空書で書くときに、「はい、手を挙げて」と言って、全員が手を挙げるまで待った。「全員、ピンと手が挙がりましたね。えらいですね」といった具合であった。また、全員の前で、一人の子どもの名前を呼んで、ほめることを極力避けていった。今まで以上に机間巡視をして、一人ずつ丁寧にフィードバックをしていった。

そうすると、個人で行なう課題のときには、しゅうじくんも何とか自分で課題に取り組もうとする姿がみられるようになっていった。しゅうじくんに対しては、課題の完成だけではなく、取りかかっていることに対してフィードバックを行なった。「黒板の文字が書けたね」といった具合である。

こうした八神先生の工夫で、ほかの子が気になって仕方がない、といったしゅうじくんの態度は少しずつ改善していった。授業中の課題への取り組みが遅くて、みんなのスピードについていくことがなかなか難しい面もあった。それでも、隣の子を見て、やることをまねしたり、教えてもらったりしながら、八神先生が回ってきたときに、課題にまったく取り組めずにいるということは、ほとんどなくなっていった。

Conclusion まとめ

小学校低学年では、先生の言語指示だけで動くことに対して、子どもたちの個人差はとても大きい。また、何らかの問題状況が発生した場合に、自ら積極的に課題解決していく力は、これまでの養育・教育環境も大きく影響する。幼児期に比べて、集団の規模も大きく、集団のルールも多くなってくるなかで、とまどっている子どもたちは少なくない。

集団のルールや学習の一定の方法を身につけさせることは、小学1年生の重要な課題である。言葉で指示するだけではなく、素早く身についた子どもをモデルとして、ほかの子どもたちのお手本とすることもある。子どもたちのなかには、「そうか、○○ちゃんのようにやればいいのか」と、素直にまねができる子もいるだろうが、なかには「○○ちゃんだけ、ほめられてずるいな」とうらやましく思ったり、「僕、○○ちゃんのようにできない」と落ち込んでしまったりする子もいるだろう。集団のなかで、名指しで特定の子をほめることには慎重さが求められる。さらに、できた子に特権として、何らかのご褒美を呈示することも、時に子どもの行動を促すことに効果がある。しかし、どうしてもできない子がそのなかにいる場合には、できない子だけ、いつまでたっても特権は与えられないことになる。それが繰り返されると、自分はできない、自分はダメだ、と思ってしまう。

しゅうじくんは、就学前、家庭でできないことやわからないことがあっても、誰かが手伝ってくれたり、解決してくれたりしていたのだろう。あまり一人で困った状況に陥るということがなかったのかもしれない。そして、学校生活が始まったばかりの時期、はじめての困った状況に混乱してしまう。この混乱に対して、八神先生は、これまでの家族と似たような役割を果たした。こうして、しゅうじくんの絶対的な八神先生への信頼が確立された。しかし、学校では、自分のできない状況にすべて八神先生が手を貸してくれるわけではない。そうこうしているうちに、自分はできなかったりわからなかったりするのに、信頼する八神先生がほかの子をほめることが増えていく。しゅうじくんが、気にならないわけがなかった。

しゅうじくんの行動を観察するなかで、八神先生は、そうしたしゅうじくんの気持ちに気づき、ほかの子どもたちへのほめる量を減らさずに、ほめる方法を変えていくことにした。しゅうじくんに対しても、できることを呈示しながら、ほめる機会をつくり、しゅうじくんの心配も減らしていった。

ほめ方Point

- ■集団のなかで、特定の子の名前を呼んでほめることは、慎重に行なう。
- ■全員が遂行可能な課題を呈示して、クラスの全員をほめる。

第2部
理論編

第1部・実践編では、20の実践例を通して、ほめることの効果や、効果的なほめ方について示してきた。第2部・理論編では、子どもをほめることに関するこれまでの調査・実験研究、実践研究などを紹介しながら、子どもを教育する際に取り入れていきたい「ほめる」行為について、まとめていく。

1 ほめることの特徴

アメリカの心理学者アブラハム・マズロー(Maslow 1970)は、人間の欲求を5段階に分けている。「食べたい」とか、「寝たい」といった、生きていくための基本的・本能的な欲求である「生理的欲求」を第1階層、危機を回避したい、安全で安心な暮らしがしたいという「安全欲求」を第2階層、集団に属したり友だちがほしいという「社会的欲求」を第3階層としている。この3つの階層は、外的に充たされたいという欲求である。そのうえに、他者から認められたいとか尊敬されたいといった「尊厳(承認)欲求」の第4階層、自分の能力を引き出し、創造的な活動がしたいといった「自己実現欲求」の第5階層が積み重なる。さらにマズローは、晩年、目的の遂行・達成「だけ」を純粋に求める、「自己超越」という上位の階層があることも指摘している。このマズローの説に対しては、文化的・時代的背景などによって、必ずしも絶対的なものであるとはいえない、という批判もある。しかし、下位の階層にある欲求が充たされなければ、より上位の階層の欲求を充たすことはできないというのは、私たちの生活においても実感できることである。特に、第4階層より高次の欲求は、内的に充たされたいという欲求であり、この部分の実現に伴い、生活の豊かさは広がっていくのだろう。

マズローによる第4階層、「他者から認められたい」という欲求は、子どもから大人までもちうるものである。他者から認められるという経験は、自分を大切にする自尊感情を高めたり、その自分の能力を引き出すべく活動するための動機づけとなったりする。この認められたいという欲求を充たすための手段として、「ほめる」という行為が用いられることはよくある。

ほめることの効果は、次項に詳細を示すが、これまでに数多く報告されてきた。その高い効果から、近年、子どもにかかわる教師や保護者からも、子どもの「ほめ方」に対して高い関心が示されている。ただ、一口に「ほめる」といっても、どのような場合にどう使うのかによって、子どもに与える影響は異なってくる。それは、「ほめる」という行動が、単に他者を賞賛するためだけのものではないからである。場合によっては、ほめることによって、子どもにマイナスの影響を与えることもある。子どもの教育にかかわるものとしては、子どもの能力を伸ばし、成長を促すために、そして、自分を大切だと思えるような子に育てるために、ほめていきたいものである。

2 ほめることの効果

1 ほめることが子どもに与える影響

1歳未満の子どもであっても、ほめられたときに笑う反応を示すことが報告されている(千羽・池田 2002)。このように、ほめる人とほめられる人の間で、笑顔やプラスの感情が相互に引き起こされるような場合、両者のより深い関係性が構築されていくだろう。こうした関係性のなか、子どもは安定した情緒や自分を大切にする気持ちを育んでいく。

　また、ほめられる子どもへの効果について、これまで実証的な検討がなされてきている。たとえば、Felson and Zielinski（1989）は、5～8年生の338名を対象とした、1年間の縦断的研究において、両親から肯定的なほめ言葉を多く経験し、否定的なほめ言葉の経験の少ない群の自尊感情が高いことを明らかにしている。また、古市・柴田（2013）は、小学5年生および6年生の267名を対象とした調査研究から、教師からほめられた経験によって自尊感情が高まり、これによって学習意欲や学校生活への適応にプラスの影響があることを示した。2009年に東京都教職員研修センター（2009）が行なった、小学1年生から高校3年生までの12,740名を対象とした大規模な調査では、子どもたちの自尊感情が年齢に応じて低下する傾向や、他国と比べて日本の子どもたちの自尊感情が低いという結果が示された。この結果を受け、自尊感情や自己肯定感を高めるための教育実践のあり方が注目されている。そのなかで、ほめることに視点をあてた実践的な取り組みも報告されるようになっている。さらに、他者からほめられることの科学的妥当性を示した研究もある。Sugawara et al.（2012）が行なったものであり、他者からの社会的承認（ほめ）が、運動技能の習得をより向上させることを脳科学によって証明している。このようにほめることの効果は、情緒的な安定を図るだけではなく、動機づけを高めたり、自尊感情を育てたりし、さらに技能の習得に役立つなど、その効果が広範囲で認められている。

2「ほめる」行動の種類

さて、私たちは、どのようなときに「ほめる」のだろうか。林（2002）は、ほめる動機に基づいて、「ほめる」行動を3種類に分類している。素直に相手をほめる「純粋ホメ」、儀礼的にほめる「挨拶ホメ」、コミュニケーション方略のひとつとしての「方略ホメ」である。「方略ホメ」については、さらに7つの下位分類を呈示している。他者をおだてて何かをさせる「使役ホメ」、良い点を指摘したうえで改善点を指摘する「改善ホメ」、相手の態度などを是認する「承認ホメ」、相手をほめることで優位性を確保する「優位ホメ」、人間関係を修復するための「円滑ホメ」、いわゆるセールストークといわれるような「方便ホメ」、批判や嫌味を含む「皮肉ホメ」の7つである。この分類を使って、ほめることの子どもへの効果について、それぞれ考えてみたい。

3「純粋ホメ」とその効果

「純粋ホメ」には、子どもの行為や行為の結果について、自分の感じたことをそのまま口にすることが含まれる。たとえば、「あなたの洋服、素敵だね」とか、「本当に、足が速いんだね」といった具合である。そこには、子どもに対する特別な意図は感じられない。ほめられた子どもが、その内容に自分なりに自信があったり、努力したことだったり、こだわりがあったりすることだと、「ああ、わかってくれた」と、相手に認められた感覚を抱くだろう。まったく気にしていない意外な内容についてほめられたとすると、新しい自信となるかもしれない。それが信頼する相手からのほめ言葉であれば、なおさらである。

一方で、子どもが思っていることとまったく逆のことをほめられると、相手を信頼しなくなったり、やる気を失わせたりすることもある。たとえば、子どもが失敗したと思っていることに対して、そうした子どもの思いを知らずに、やたらにほめたりするような場合である。自分が失敗だと思っていることは、ほかの人から見れば失敗ではないのだ、と柔軟に切り替えできる子もいるが、失敗に対して激しく落ち込んで思いつめてしまうような子の場合は、ほめ言葉は受け入れられないだろう。

4「挨拶ホメ」とその効果

「挨拶ホメ」も、子どもに対する明確な意図は感じられない。たとえば、朝、教室に入った先生に、「おはようございます」と言った子に対して、「今日も、元気ですね」と返すようなものが含まれる。あるいは、正解を出した子に対して「正解です。よくできました」というように、同じ状況で同じように繰り返される場合もあるだろう。お互いに気持ちの良い関係性をつくることに、効果が期待できる。あいさつとして考えれば、それを言われても、特段嬉しいとは思わないけれど、それがなければなんとなく相手との関係に居心地の悪さを感じるだろう。しかし、同じ状況で繰り返されるため、ほめる側は無意識に言葉を使っている。たとえば、口癖のようになっているほめ言葉が、目の前の子どもたちの年齢からあまりにもかけ離れている場合、子どもはほめられるたびに、バカにされているような気分になる。

5 「方略ホメ」とその効果

「純粋ホメ」も「挨拶ホメ」も、たいていは、ほめる側もほめられる側も気分が良くなり、より良い人間関係を構築するために大切である。一方で、「方略ホメ」は、子どもに対してどう働きかけたいかという、ほめる側の明確な意図を含む。以下では、子どもに対して用いることの多い、「使役ホメ」と「改善ホメ」、「承認ホメ」について、その効果を検討する。

「使役ホメ」とその効果

「使役ホメ」は、たとえば「あなたの字はとてもきれいで、読みやすいね。運動会のプログラムも書いてみる?」とか、「あなたはきれい好きだね。友だちからの信頼も厚いから、掃除班の班長をやってみよう」といったように、子どもに取り組ませたい活動がある場合に使う。子どもの得意なことや好きなことをほめることによって、さらにその能力を伸ばそうとしたり、子どもがこれまで尻込みしていたことに新しく挑戦させようとするときに、その効果を発揮するだろう。ただし、明らかに大人の都合のためだけに子どもを動かそうとすると、子どもはそのことに気がつき、その人がほめはじめたら警戒したり、避けるようになるだろう。

「改善ホメ」とその効果

「改善ホメ」も、教育現場ではよく使われる。子どもが行なっている課題や活動の達成度をさらにアップさせたいときや、子どものやり方を修正したい場合に用いる。たとえば、漢字のテストではじめて80点をとった子に対して、「これまでで、最高得点だね。たくさん勉強して、やる気になったからだね。さすが3年生。今度は、トメやハライの細かいところに注意すれば、100点も夢じゃないね」とか、給食でお箸の持ち方が間違っている子に対して、「いつも良い姿勢できちんとお皿を持って食べているので、見ていて気持ちがいいね。今度は、お箸を持つときにこうやって持ってみると（お箸を持ち替えさせる）、もっとお行儀よく見えるよ」といった具合である。大人から要求される内容は同じだが、「トメやハライに注意しないから80点だったんだよ。今度はよく見てね」と言われたり、「お箸もまともに持てないのか。練習しなさい」と言われるよりも、まずは、できているところをほめられる「改善ホメ」の場合、子どもがその課題に取り組む際の動機づけは高くなる。しかし、精いっぱい努力したうえで80点だった場合に、さらに上を求められてしまうと、子どもは息切れしてしまい、一気にやる気を失ってしまうかもしれない。子どもの現在の能力を見極めながら、次の目標を定めることが肝要である。

「承認ホメ」とその効果

「承認ホメ」は、子どもの態度や行為や存在などを承認していくものである。「あなたがいてくれるから、本当に助かる」とか、「いつもにこにこしていて、あなたがいると、周りが明るくなるね」といった具合である。先述のように、この「承認ホメ」を上手に使っていくことで、子どもの自尊心を高めたり、挑戦しようとする気持ちを育てたり、情緒の安定を図ることができる。しかし、子ども本来の姿ではなく、かなり無理をして行なっている行為や態度をほめつづけると、大人が望んでいる通りにしようと子どもをコントロールすることになる。たとえば、本当は、いつもにこにこしていたいわけではないのに、教師がほめてくれたので、にこにこせざるをえなくなってしまう、といったケースである。

6 ほめることの効果

子どもだけではなく、人とかかわっていくときに、「ほめ」言葉が多く聞かれるような環境は、相手の能力を伸ばすだけではなく、その周囲の雰囲気も居心地の良いものにする。そして、自分のほめた行動を子どもが維持していったり、さらにステップアップしていくことができた場合に、そのほめ方は効果的だといえる。反対に、いくらほめても子どもの行動が変わらなかったり、あるいは伸ばしたい行動がなくなっていったりする場合には、もう一度、ほめ方を振り返ってみることが必要である。次節では、効果的なほめ方、そしてほめるときのポイントをまとめていく。

3 効果的なほめ方

1 何をほめるのか

ほめる内容によって、子どもに与える影響は異なってくるのだろう。何をほめるのか、といった内容に関して、①容姿や服装、雰囲気、所持品などの外見、②才能、知識、技術などの能力、③性格、④努力、⑤その他、といった分類をしているものが多い（林・二宮 2004、熊取谷 1989、Holmes 1986）。Muller and Dweck（1998）は、5年生の子どもたちを対象として、「この問題ができてお利口だね」といったように、能力をほめられた子どもと、「がんばってこの問題を解いたね」といったように、努力をほめられた子どもとでは、次に挑戦する課題の難易度が異なることを示した。次に新しい課題（パズル）を呈示したところ、能力をほめられた子どもたちは簡単なパズルを選択し、反対に努力をほめられた子どもたちは難しいパズルを選択した。このことは、能力よりも努力をほめられたほうが、子どもたちの課題に取り組む際の動機づけを高めることを示唆している。しかし、Nicholls（1978）によれば、能力と努力を区別できるのは、9歳前後であるとされているため、9歳前の子どもたちにこの違いがあるか否かについては、明らかにされていない。このように、ほめる内容が子どもに与える影響は、子どもの年齢と大きく関係している。

2 具体的な行動をほめる

青木（2014）は、就学前から小学3年生までの低学年の子どもたちは、「ほめられてうれしかったから」とか、「ほめられたからがんばろう」というように、ほめられた経験そのものが物事に取り組む動機づけを高めるとしている。つまり、年少の子どもたちは、伸ばしたい活動を行なっている際や、何かを成し遂げた際にほめ言葉をかけられると、その経験にもとづき、次からもがんばろうという気持ちが育っていくのだろうし、ほめられた自分を肯定的にとらえることができるのだろう。このときに、本人が何をほめられているのかわからないと、せっかくのほめられた経験は、次に生かせなくなってしまう。特に、年少の子どもの場合には、ほめている内容を具体的にすると、次につながりやすくなる。「今日の〇〇ちゃん、なんだかすっきりしているね」と言われるより、「今朝、髪の毛をブラシでとかしてきたでしょ。かっこいいね」と言われたほうが、次の朝、子どもは何をしてくればいいのかわかるだろう。「〇〇くんは、優しいね」と漠然と言われるよりも、「お友だちに大丈夫って言えるなんて、〇〇くんは優しいんだね」と言われたほうが、「優しい」と言われる理由がわかるだろう。

3 ほめる行動の基準

一方で、先述の青木（2014）は、小学4～6年生は、フィードバックが焦点を当てている内容によって、活動への動機づけが変化すると述べている。たとえば、「〇〇だから、うまくできたね」といったように、その理由を含んだ言い方をした場合に、その理由が自分の思いと合致すれば、次の機会にも同様の行動をしたり、それ以上の努力をしようとするだろう。しかし、合致しない場合には、ほめられることに抵抗を示したり、ほめている人に反抗したりする場合もある。子どもに何をどの程度求めていくのか、ということがここでは大切になってくる。

McClelland et al.（1976）は、母親を「意欲最高群」「意欲高群」「意欲普通群」「意欲最低群」の4群に分けて、それぞれの子どもの意欲について調べた。そうすると、「意欲最高群」と「意欲最低群」の母親の子どもは意欲が低く、反対に「意欲普通群」の母親の子どもは意欲が最も高い、という結果となった。この調査からは、適度な期待が子どものやる気を育てることがわかる。

そして、この適度の期待がどの程度である

のか、ということについては、Atkinson and Litwin（1960）が、課題が成功するかどうか五分五分のときに、人は最もやる気を出すことを明らかにしている。何らかの課題を呈示する際に、自分の能力をはるかに超えた基準を求められると、子どもはその大きさに押しつぶされてやる気をなくしてしまう。当然、その課題に成功する確率は低くなり、できたといってほめる機会も極端に少なくなってしまう。反対に、本人にとってできて当たり前と思っている基準でほめられると、子どもは周りから期待されていないと思い込み、自分を大切に思わなくなっていく。

これに関連した興味深い実験を、Lepper et al.（1973）が行なっている。レッパーたちは、幼児に対して、①事前に「お絵描きをしたら、賞状をあげる」と伝えて、絵を描いたら賞状をあげる群、②何も言わずに、お絵描きをしてもらって、絵を描いたら賞状をあげる群、③何も言わず、お絵描きをしてもらって、絵を描き終えても賞状を渡さない群、という3群に分けた。1週間後、お絵描きをする子どもたちの人数が激減したのは、予告通りに賞状をもらえた①の群の子どもたちだった。このことから、その活動や課題を行なうこと自体が面白かったり、好きだったり、楽しかったりする場合に、過度の報酬を与えると、子どもはその課題をあまりやらなくなることがわかった。レッパーたちは、この現象をアンダーマイニングと呼んだ。子どもが夢中になって取り組んでいくような課題や活動を提供できた場合には、余計なフィードバックより、その姿を見守ることが大切なのだろう。それぞれの子どもが、夢中になれる活動や課題をみつけられるように導いてあげられたとき、教育に携わる者として、何より喜びを感じる。普段から、子どもの得意なことと苦手なこと、あるいは好きなことと嫌いなことを把握し、それぞれがどこまでできるのか、ということを頭に入れておくことは、ほめる効果を最大限に発揮させるためだけではなく、子どもに課題や活動を提供するうえで非常に大切になってくる。

4 ほめる機会をつくりだす

ところで、多くの大人からみて、ほめやすい子とほめにくい子がいる。ほめにくい子の場合、「ほめるところがない」という言われ方をすることもある。しかし、ほめにくい子ほど、これまでの生活のなかで、失敗を繰り返し、ほめられた経験も少なく、自己肯定感が下がっている可能性は高く、ほめる機会をつくりだすことが必要になってくる。ほめる機会は、これまで述べてきたように、子どもたちそれぞれの力に見合った基準を設定したり、得意なことや好きなことを生かすといったことでつくりだすことができる。また、結果だけではなく、その過程をほめることによって、その機会をつくりだすこともできる。

Kamins and Dweck（1999）は、5～6歳児を対象とした実験を行なっている。この実験では、人形を使ったロールプレイ課題を用いて、子どもたちに成功経験を4回、失敗経験を2回させた。そして、成功時に、①「あなたをとても誇りに思うよ」といった、人物に対するほめ方をした群、②「うまくいって素晴らしいよ」といった、結果に対するほめ方をした群、③「本当に一生懸命やったんだね」といった、過程に対するほめ方をした群、という3群に分けた。そのあと、子どもたちには、課題後にもう一度やるとしたらどの課題をやりたいか尋ねた。そうすると、失敗した課題にもう一度挑戦したいと答えた子どもたちの割合は、③の過程をほめられた群が最も高かった。

また、Paniagua and Baer（1982）は、子どもたちが言葉に出して言ったことを実現するためには、どこでほめたら効果的なのか検討している。たとえば、①「お母さん、明日のために、今日は1時間、漢字の勉強をするよ」漢字テスト、僕は100点をとるよ。そのためにと子どもが宣言したとき、②子どもが机の前に座り、漢字ノートを広げて、漢字を書きはじめたとき、③実際に漢字テストで100点をとったとき、といったように、①子どもが宣言したとき、②子どもが宣言した行動に取りかかったとき、あるいは取りかかるための準備を行なったとき、③宣言通りの結果を出したとき、という3種類のタイミングで、子どもの行動をほめ、子どもの行動の違いを観察した。その結果、②の準備行動を行なったときにほめた場合に、子どもたちが宣言通りの行動を行なう確率が最も高かった。①の子どもたちをほめる場合には、たとえば「いいことを言うね。立派だね」と宣言したこと自体をほめるために、子どもたちは宣言したことで満足してしまうのかもしれない。③のように、宣言通りの結果が出なければほめないことにすると、子どもたちをほめる機会は制限されることとなる。このパニヤグァたちの研究結果も、カミンズたちの研究同様、行動の結果だけではなく、その過程をほめることの重要性を示している。過程をほめることで、もともとほめられる機会の少ない子どもたちにもその機会を設定することができる。

さらにもう1つ、近年、女子高校生が作成した「ネガポ」辞書が注目されていることを紹介しておきたい。これは、短所や悪口などネガティブな意味を表現する言葉に対して、視点を変え、ポジティブな表現に変換された言葉が掲載されている辞書アプリである。もともとは、2010年に、北海道札幌平岸高等学校の生徒たちがアイディアを提案し、それを同年に開催された第17回全国高等学校デザイン選手権大会に出品したものである。目の前の子どもに対して、「ほめるところがない」と思うような場合でも、こうした発想の転換をすることによって、欠点だと思われていたところが、ほめるポイントとなる場合もあるだろう。

4 ほめる手段の種類

ここまで、ほめることの特徴やその効果、あるいは効果的なほめ方について述べてきた。これらは主に、言語を使った賞賛をイメージしたものである。言語は、子どもをほめる場合に最も多く用いられる手段であり、手軽で特定の準備は必要ない。しかし、言語理解が弱い子に対して用いる場合や、他者がいる前でほめられることや、年齢によってあからさまな言語賞賛を嫌う子の場合などは、あまり有効な手段とはいえない。そこでここでは、言語賞賛以外にどのようなタイプのほめ方があるのかを紹介していく。

1　スキンシップ、身振り手振り、表情を用いてほめる

たとえば、スキンシップ、身振り、表情といったものも、ほめる手段として有効に働く場合がある。スキンシップには、頭をなでる、抱き上げる、くすぐる、握手する、といったことが含まれるだろう。年少の子に対して行なうと、より親密感が増すだろう。反対に、身体接触を嫌う子や思春期以降の子に対しては、それほど高い効果は期待できない。肩を軽くたたいたり、ハイタッチをするといったさりげない手段のほうが好まれるだろう。グーサインやOKサイン、ガッツポーズ、両腕で○印をつくったり、指で○印を描いたり、といった身振りも、ほめる手段として用いることができる。笑顔でうなずくといった表情も、子どもに対するポジティブなフィードバックである。スキンシップは、子どもに近づかなければできないが、身振りや表情は、子どもから離れた場所でも呈示することができる。当然、子どもが気づいていなければ効果はないし、気づいていても子どもがその意味を読み取ることができなければ伝わらない。スキンシップ、身振り、表情は、言語と同様、あるいは言語よりも短時間で消えてしまうため、呈示するタイミングが重要なポイントである。子どもが課題や活動に取り組んでいるとき、「できた」あるいは「うまくいった」タイミングをとらえ、それと同時に呈示すると効果が高い。

2　視覚刺激を用いてほめる

視覚刺激を用いた場合、言語賞賛、身振り、表情と比べて、いつでも確認することができ

るというのが大きなメリットである。たとえば、テストに書かれた「よくできました」という先生の赤ペンのコメントや賞状のように、文章で賞賛する内容を示したものもあれば、テストやノートにかかれた花丸や、スタンプ、シールといった、賞賛する具体的な内容を示さないものもある。最近は、子ども同士がメールやSNSを介して、文章や「いいね」というスタンプを使うことも、「ほめる」ことに該当するだろう。文章に比べて、花丸やスタンプといった方法は、手軽に使えるものの、あいさつ程度の意味合いであることが少なくない。

また、子どもの増やしたい行動がどのくらい増えたのかを数値化して、グラフや表で表わすといった方法もある。たとえば、体育祭の競技で大縄跳びがある場合に、毎日跳べた回数をグラフ化して掲示しておく。これは、記録としての機能もあるが、それだけではなく、回数が増えたり減ったりする様子が明確に示されることにより、次の日の練習への励みになるだろう。

3 モデルとなる他者をほめる

カナダの心理学者アルバート・バンデューラ（Bandura 1970）は、他人の行動の結末を観察することでも学習が成立する、という考え方を実験的に確かめた。そして、自分自身ではなく他人がある行為の結果として報酬を得たことを観察して、自分もそうしよう、という思いを抱くことを「代理強化」あるいは「モデリングによる学習」と呼んだ。たとえば、クラスのなかで姿勢が崩れた子がいた場合に、姿勢がいい子に対して「○○ちゃんは、いい姿勢だね」とほめることで、姿勢が崩れていた子が背筋を伸ばすようになることがある。この方法では、姿勢が崩れた子に、直接注意や指導をすることなく、その子の姿勢を正すことができる。しかし、ほかの子がほめられる行動を模倣する力がなければ、同様の行動を行なうことはできない。また、特定の誰かがほめられても他人事と思う子どもであれば、「人の振り見て我が振り直す」ことは成立しないだろう。

クラスのような集団のなかで、特定の子どもをほめる場合は、ほめられた子どもに対して、ほめられていない他の子どもたちが、純粋に「すごいな」と思えるかどうかという集団の特徴を把握しておくことが重要である。特に、思春期以降の子どもたちは、自分が他人にどう思われているのかといったことに敏感である。同時に、友だちが他者からどう思われているのか、ということにも関心が高い。先生がほめた子をほめられていない子が妬み、いじめにつながるようなこともある。立木・宮本（2013）が、小学校6年生に行なった調査では、先生と1対1でいる状況でほめられるほうが、クラスメイトがいる集団の前でほめられるよりもうれしいと感じる児童が多いことが示された。特に、学習目標の低い子に顕著な傾向が示されたことからも、集団において特定の子をモデルとしてほめる場合には、慎重に行なうことが必要である。

4　ご褒美を用いてほめる

「ご褒美」といわれると、「物でつる」という印象をもち、子どもの教育に用いることはふさわしくない、と考える人もいるだろう。しかし、大人も労力の高い仕事を成し遂げたときに、好きなものを買いに行ったり、休暇をとって好きなことをしたり、打ち上げをすることはよくある。子どもの努力や労力に見合ったご褒美を呈示していくことは、課題に取り組む子どもの意欲を維持させたり、むしろそれを高める効果がある。また、ご褒美を期待して、子どもたちが高い能力を発揮することもある。ご褒美がすべて教育的でないわけではなく、子どもの動機づけを高めるように、その使い方を工夫することが大切である。

学校では、食べ物や飲み物、先生のポケットマネーでなければ買えないような高額の物などは、ご褒美としては使うことができない。学校でよく使われるご褒美としては、特権、シールやスタンプ、先生の手作り教材、お楽しみ会のようなイベント、休み時間の遊び、などが考えられる。

たとえば、特権の例として、学級会の司会をやっていいことにする、休み時間の遊びを決めていいことにする、といったことが考えられる。ただし、1年に1回しか機会がないような稀少価値の高すぎる権利を一人の子どもにご褒美として使うのは、注意すべきである。かといって、1週間に2、3回まわってくるような権利だと、その効果は薄れてしまう。特権をもらった子どもに対して、他児が「いいなー」「うらやましい」と言ったときに、無理なく「次、がんばってね」と言えて、子どもがそのことを楽しみに覚えていられるくらいの権利が望ましい。

シールやスタンプは、手軽に使える。「できたね」とか、「うまくいったね」という意味のフィードバックにもなるが、このような手軽に使えるご褒美には、ためることができるというメリットがある。「がんばり表」と称して、子どもたちに目標を立てさせ、その目標が達成できたか否か、シールやスタンプなどでフィードバックし、たまったら何か素敵なものと交換することで子どもの望ましい行動を増やしたり、やめてほしい行動を減らしたりする取り組みも報告されている。たとえば、忘れ物が0だった日に、連絡帳に先生がスタンプを押していくこととする。スタンプが10個たまったら、スペシャルシールと交換したり、休み時間の遊びを決める権利をもらえるといった具合である。このように何かをためて素敵なものと交換する方法を用いるときは、いくつかの注意点がある。1つ目は、ためるものは自由に子どもが手に入れられない物でなければならないということである。2つ目は、交換のタイミングに関することである。1カ月ためなければ交換できないと、ためているうちに、スタンプをもらうための行動への意欲が薄れてしまうかもしれない。特に、この方法を開始したばかりのころは、すぐに交換できるほうが、行動を維持させる効果が高い。3つ目は、例外をつくらないということである。ご褒美を使うときに共通する注意点でもあるが、どの行動に対していつご褒美がもらえるのかは、明確にしておくことが必要である（この点については、後述する）。

イベントや遊びは、クラス全体にご褒美として呈示することができる。たとえば、「運動会のときに使うクラス旗が完成したら、みんなで校庭に出てドッジボールをしよう」といった具合である。ただしこのとき、クラスの大半の子がドッジボールを嫌いだと、クラス旗はなかなか仕上がらないだろう。

先述のように、ご褒美を呈示する際には、子どものどのような行動に対して、どのようなご褒美が、どのタイミングで呈示されるのか、ということを明らかにしておくことが重要である。「お掃除をがんばった人だけ、休み時間を10分延長します」といった約束をした場合、がんばったかどうかの判断は人によって異なってくるため、自分ががんばったのかどうか、子どもたちは判断がつかない。「雑巾がけを往復10回やった人だけ」と、誰がみても同様に観察できるような言い方にすると、何に対してご褒美がもらえるのか明確になる。さらに、ご褒美はできるだけその場ですぐに呈示できたほうが効果は高い。

ただし、ご褒美を子どもたちに何かさせるための道具にしてしまうと、ご褒美がなければ動かない子どもになってしまう。「雑巾がけをしない人には、休み時間はありません」といったような言い方は、ご褒美を餌に子どもを脅すことになってしまうので注意したい。

5 自分で自分をほめる方法

他者からほめてもらうだけではなく、自分の行動に対して自分で目標を立て、自分でその目標が達成できたか否かを記録していく方法を子どもが獲得すれば、子どもは自身で行動をコントロールする力を高めることができる。夏休みの生活記録表や定期テスト前の勉強時間の計画表とその記録といったものが、これに相当する。“Study plus”という携帯アプリは、勉強時間を記録すると自動でグラフ化してくれるものである。ほかの利用者との比較などもでき、自分で記録するだけではなく、勉強に対する励みになったりする。正確に記録することが望ましいが、たとえ細かい部分が誤っていたとしても、記録を行なうことによって自分の行動に目が向くため、行動改善に役立つ（たとえば、家計簿をつけたときに、1円単位まで正確に記録をしなくても、家計簿をつけていないときに比べて無駄遣いが減っていくのは、そのためである）。さらに、目標を達成したときに、自分の大好きなことを行なうように計画すると、その効果は高い。たとえば、勉強を1時間行なったら、大好きな漫画を15分だけ読もう、といった具合である。アメリカの心理学者デイヴィッド・プレマック（Premack 1971）は、高い頻度で生起する自発的で意欲的な行動を用いることで、低い頻度でしか生起しない非自発的で無気力的な行動の発生頻度を増やせることを実験的に明らかにした。これは、「プレマックの原理」と呼ばれる。これを子ども自身が計画できるようになると、自律的な行動が増えていく。自分で自分をほめる方法のひとつと言えるだろう。

▼参考文献

青木直子（2014）ほめられた経験によって動機づけが高まる理由――小学校低学年における発達差の検討．藤女子大学人間生活学部紀要51, 39-48

Atkinson, J.W. and Litwin, G.H.（1960）Achievement motive and test anxiety conceived as motive to approach success and motive to avoid failure. Journal of Abnormal and Social Psycholpogy, 60, 52-63.

Bandura, A.（1970）Social Learning Theory. Prentice-Hall.（原野広太郎監訳（1980）社会的学習理論．金子書房）

千羽喜代子・池田りな（2002）乳幼児の情緒表出とその形態．大妻女子大学家政系研究紀要38, 147-163

Felson, R.B. and Zielinski, M.A.（1989）Children's self-esteem and parental support. Journal of Marriage and the Family, 51, 727-735.

古市裕一・柴田雄介（2013）教師の賞賛が小学生の自尊感情と学校適応に及ぼす影響．岡山大学大学院教育学研究科研究集録154, 25-31

林伸一（2002）「ほめる・ほめられる」教育――ほめる対象、方向、範囲、内容、動機、効果などの分類試案．中国四国教育学会教育学研究紀要48, 374-379

林氏日・二宮喜代子（2004）「ほめる」使用頻度と「ほめられる」好感度――女子学生のアンケート調査にみる心理言語学．山口国文27, 88-96

Holmes, J.（1986）Compliments and compliment response in New Zealand English. Anthropological Linguistics, 28, 485-508.

Kamins, M.L. and Dweck, C.S.（1999）Person versus process praise and criticism : Implications for contingent self-worth and coping. Developmental Psychology, 35, 835-847.

熊取谷哲夫（1989）日本語の誉めの表現形式と談話．言語習得及び異文化適応の理論的・実践的研究2, 97-108

Lepper, M.R., Greene, D., and Nisbett, R.E.（1973）Undermining children's intrinsic interest with extrinsic reward : A test of the "over justification" hypothesis. Journal of Personality and Social Psychology, 28, 129-137.

Maslow, A.H.（1970）Motivation and Personality. Second Edition. Happer & Row.（小口忠彦訳（1987）人間性の心理学 改訂新版．産能大学出版）

McClelland, D, C., Atkinson, J.W., Clark, R.A., and Lowell, E.L.（1976）The Achievement Motive. Irvington, pp.xxii, 386.

Muller, C.M. and Dweck, C.S.（1998）Praise for intelligence can undermine children's motivation and performance. Journal of Personality and Social Psychology, 75（1）, 33-52.

Nicholls, J.G.（1978）The development of concepts if effort and ability, perception of academic attainment, and the understanding that difficult task require more ability. Child Development, 49, 800-814.

Paniagua, F.A. and Baer, D.M.（1982）The analysis of correspondence training as a chain reinforceable at any point. Child Development, 53, 786-798.

Premack, D. (1971) Cating up with common sense or two sides of a generalization : Reinforcement and punishment. In R. Glaser (Ed.) The Nature of Reinforcemnent. Academic Press.

Sugawara, S.K., Tannaka, S., Okazaki, S., Watanabe, K., and Sadato, N. (2012) Social rewards enhance the offline improvements in motor skill. PLOS One 7 (11) e48174.

東京都教職員研修センター (2009) 自尊感情や自己肯定感に関する研究．東京都教育研修センター紀要8, 3-26

立木英香・宮本正一 (2013) 達成目標理論からの褒め方の研究．岐阜大学教育学部研究報，62 (1), 133-142

◆著者略歴

小笠原 恵［おがさはら けい］

東京学芸大学総合教育科学系教授
博士（教育学）・臨床心理士
1999年 東京学芸大学大学院連合学校教育学研究科（博士課程）修了

◆主著

『お母さんの男の子にひびく伝え方』（単著｜あさ出版［2015］）
『ケースで学ぶ行動分析学による問題解決』（分担執筆｜金剛出版［2015］）
『言ってはいけない！ 親の「ひと言」』（単著｜PHP研究所［2015］）
『発達障害児者支援とアセスメントのガイドライン』（分担執筆｜金子書房［2014］）
『8つの視点でうまくいく！ 発達障害のある子のABAケーススタディ――アセスメントからアプローチへつなぐコツ』（編著｜中央法規出版［2013］）
『キーワードブック 特別支援教育の授業づくり――授業創造の基礎知識』（分担執筆｜クリエイツかもがわ［2012］）
『イラストでわかる！ 気になる子どもへの支援――どうしてそうなる？ どうすればよい？』（共著｜教育出版［2011］）
『うちの子、なんでできないの？――親子を救う40のヒント』（単著｜文藝春秋［2011］）

ほか多数。

教師のためのほめ方ケースワーク20

行動観察で子どもが変わる！　クラスが変わる！

２０１６年４月１日　印刷
２０１６年４月10日　発行

著者――――小笠原恵

発行者――――立石正信
発行所――――株式会社 金剛出版
〒１１２-０００５
東京都文京区水道１-５-16
電話　０３-３８１５-６６６１
振替　００１２０-６-３４８４８

装丁◉戸塚泰雄（nu）
本文組版◉石倉康次
印刷所◉シナノ印刷

ISBN978-4-7724-1484-5 C3037